ちくま学芸文庫

霊魂の民俗学

日本人の霊的世界

宮田 登

筑摩書房

【目次】霊魂の民俗学

霊魂の民俗学——日本人の霊的世界

I　日本人の一生

日本人の一生

ここでは「日本人の一生」についての民俗学のいろいろな考え方をお話ししようと思います。

私たちは朝起きて顔を洗い、御飯を食べて仕事に出かけるというような毎日を生活しているわけですが、一方こうしたなんでもない毎日毎日の生活にも折り目をつけるということをしており、その折り目がちょうど竹の節のような場所にあたっています。その折り目がないと竹が成長しない。つまり、毎日毎日のごく普通の生活のいとなみにけじめをつけて、その折り目のときに、たとえば精進潔斎をして、体を清めてお祭りに加わってみるというように、儀礼を含めた一年三六五日の生活があるわけです。

さらに、こういう時間のおくり方とは別に、「ゆりかごから墓場まで」という言い方があるように、この世に生まれてから、さらにもう一つ別な世界に旅だっていくという、人類に共通してもっている生き方があります。つまり、この世に生まれてからあの世に行くまでが、人間の一生というわけです。そして世界のどの民族も同じように、一生の間にいくつかの折り目をもっています。その折り目の儀礼を、これからお話しいたしますような通過儀礼と言っているのです。

出産の儀礼

人間の一生には、けじめをつけていく時期というものがいくつかあります。いちばん最初の段階が、この世に生まれてくるという、出産の関門です。出産することには二つの意味があります。一つは、母親自身が子供を産むこと。それは母親にとって重要な通過儀礼の一つの折り目にあたる。一方、生まれてくる子供は、はじめてこの世にあらわれてきたという重要な折り目になっているわけです。世の中にあらわれてくると簡単に言いますけれども、これを今の私たち日本人の考えることと、昔の日本人の出産に対する考え方を比較すると、現代は確かに科学とか文明が発達しましたから、迷信とかあまり科学的でないと思われがちな考え方が私たちの社会からは無くなってしまっているのかというと、そうでもない。

今ではお産は病院でいたしますが、赤ん坊が生まれてくるということについて意識していたことに昔も今も大きな違いはなかったのではないか。たとえば、最近水子地蔵がたいへん流行いたしまして、大きなお寺にまいりますと、水子というこの世のものになりかけて生命を抹殺された霊魂がお地蔵さんの形に変えられて祀られています。水子地蔵はどんどん増える一方だと言われていますが、それは現代の世相を反映しているわけです。なぜ水子地蔵をはやらせるのかということには、妊娠中絶ということがあるわけですが、そこにはすでに子供の霊魂が存在しており、それを抹殺したという罪の意識が生まれているからです。つまり、出産とは、魂がもう一つの別な世界から我々の世界に引き移されてくるのだということを、今も昔も我々が心の奥深くでずっと考えていたに違いないということを感じるわけです。

さて、出産の儀礼がいつから始まるのかということについて共通して言えることは、妊娠五カ月目の帯祝いです。たとえば東京近辺ですと安産の神様である水天宮へ行き、帯をしめてもらってくる。帯には「犬」の字を書いたものがよくありますが、その帯をもらってきて、それをしめれば妊婦のお腹が安定すると考えていた。帯は確かに機能上ではお腹をきちっとしめるものですが、帯には「うぶ」という意味があったのであろうといいます。

「うぶ」はお産という意味です。霊魂が妊婦の体内にやどり、生命体が確実なものになってきたという証拠を示している。その時点で「うぶ祝い」をやることによって出産を祝う。江戸時代の農山村では間引きということが流行いたしました。その折、「うぶ祝い」をすませない段階で中絶をすることは致し方がないとされていましたが、「うぶ祝い」がすんだあと間引きすることは厳にいましめられておりました。各藩のお触れの中にも、そうした定めが江戸時代の半ば以降に出ています。会津藩では幕末に間引きを厳禁しました。「うぶ祝い」が出産の証しになることは全国に共通していたのです。

そこでなぜ「犬」の字を書くのか。これは土地のおばあさんたちに聞けば、「犬」というのは安産する動物であって、次々と子犬を苦労もなく産んでしまうから、それにあやかって「犬」という字を書いたりするんですよと教えてくれるわけです。このことをもう少し考えますと、それは犬がもっていると思われる霊的な力によるらしい。

日本人は、たとえば狐のような動物を稲荷神に祀っているわけです。これは外国人がしばしば驚くことです。なぜ、狐を神様に祀っているのであろうか。今、開発途上国であるといわれている東南アジアの留学生がきたときによく言うことなのですが、日本という国は文明が発達している国であるのに、なんで狐が祀られているのか、お稲荷さんを見てそう思うわけです。お稲荷さんは荼枳尼天《だきにてん》とも言い狐を使命《つかいしめ》とする神格と説明されています。

かつて狐が超能力を発揮するために人間が狐を大切にしていたという時代が長く続いていました。これが具体的な形としてはお稲荷さんになって表れているわけです。土地の守護霊であった狐がしだいに土地開発によって追われてしまい、逆に復讐してくる。たとえばそれは狐憑きのような形です。稲荷行者が憑きものを落としてお稲荷さんに祀ったという言い伝えが多い。狐はもともと人間に対して良いことをしていたにもかかわらず人間に追われてしまったため、人間の方で罪の意識を感じまして、お稲荷さんに祀っているというわけです。

お稲荷さんの祠は数限りなくあって、日本の神社の数からいいますと、恐らくお稲荷さんが一番多く祀られています。これは人間と狐がうまくいっていた時代の痕跡でもあるわけです。狐が昔話の中でよく女房に化けて人間の男とむつまじくなり、子供を産む「狐女房」などという話もあります。狸女房はなく、狐女房と言うのが多く、狐の方が人間に狸より密着していたということがわかる。また、狼とか山犬とか、山の中に住んでいる動物たちがなんらかの形で人間に対していろいろな知恵を授けてくれるという話もあります。

犬は飼い犬もたくさんいるわけですが、野生の山犬もおりますし、古い言葉に「送り犬」とか、「送り狼」というような言い方があり、犬や狼が人間といろんな関係をもっていたということがわかるのです。その犬が死んだときに犬卒塔婆《いぬそとば》というものをつくる地域が利根川流域にひろがっています。これは犬供養なのです。犬が死にますと死体を埋めたところに塔婆をたてる。塔婆はお寺がつくるのではなく、各家で棒とか竹を三つ叉にしたものを作り、これを犬卒塔婆と称して死体を埋めた上に置く土地もあります。

犬供養

現在は火葬が発達しまして、死体がいちはやく焼かれてしまう。これは世界的にみても興味深い現象でしょう。ヨーロッパとかアメリカでは焼くなんていうことはあまり考えておりませんから、石の下に埋めたり、土葬して遺体を保存しようとします。日本では七世紀に中国から戻った僧道昭が遺言で火葬を初めて取り入れたことが『続日本紀』に記され、古い時代に受け入れられました。しかし、本元の中国が全て火葬をしていたのかというと決してそうではありません。やはり土葬をしていたわけです。一部の中国の葬法が日本に入り初めは畿内の都の中心にあった地域に集中的に行われました。現在の分布をみますと、やはり畿内の方に圧倒的に多い葬法なのです。ところが、都市化しますと、都市の内部に土葬の墓地をつくるわけにはいかず、死体を焼いてしまうことが取り入れられました。しかし、古くからの地域では依然として土葬が残されています。

火葬がなぜこんなに普及したのかということについては、いろんなことが言われますが、やはり遺体と霊魂の関係を日本人はわりきって考えていたのではないか。人が死ねば「魂よばい」ということをして、霊魂をこの世へもう一度とりもどそうと試みる方法があります。それを何回やっても霊魂がもどってこない。死ぬと同時に魂は空中を飛びまわっている。柳田國男は死体を離れた霊魂は四十九日間空中をさまよっており、いつか必ずこの世にもどろうとしていると述べてます。

「草葉の陰から」という言葉がありますが、これは外国語に翻訳するのはなかなかできない言葉でしょう。すぐ身近の草の葉っぱの陰から霊魂がじっと自分のもどる場所を探しているわけです。四十九日という期間はだいたい土に埋められた肉体が腐敗して、骨になってしまう期間で、そのときはもう肉体にもどれないということがわかっているのです。しかし、もどるチャンスをうかがって依然霊魂はさまよっている。こういう考え方をしているわけです。だから、肉体が急に消滅してしまうということになると、さまよっている霊魂のいく場所がないからそれを祀らねばならない。人が不安な状態になってくるから、なるべく死体と霊魂の距離を縮めておきたいという形で、かつてお葬式は延々と行われていたわけです。

お葬式は今は葬儀屋さんが簡単に処理してしまいますが、以前は長時間をかけてなるべく霊魂が遺体にもどるようにと四十九日くらいまではがんばっているというやり方をしていたわけです。その間に犬卒塔婆がつくられていたわけです。なぜそれが「犬」なのか。犬が霊魂を誘導してくれるメッセンジャーの役割をもっていたのではないか。つまり、あの世とこの世をつなげるときに、犬が霊魂を誘導するという役割をもっていたのではないかと考えられるのです。

死者の供養とは別に、生まれてくる赤子の安産でもやはり、犬が出てくるということが注目されます。利根川流域に「犬」を祀る女の人たちの講がある。たとえば犬が死にますと、月の二十三夜に女の人が集まって、死んだ犬の供養をするという。これはなぜなんだろうか。女の人たちが集まる講は、月待ちが多い。月待ちを考えるときに重要なのは暦です。私たちの暦は、明治六年からヨーロッパの太陽暦を使うようになってしまいました。これは日常生活の上で混乱をまねいたのです。なぜなら日本の旧暦とは太陰暦と太陽暦を折衷したものだったからです。

もともと日本人は太陽暦も使っていました。たとえば冬至の時期、旧暦の十一月ですね。今の人は十二月の末をまじかにひかえると正月だと思っているけれど、明治五年以前の人は、まだ旧暦の十一月の半ばかその後ぐらいとしか考えていないわけで、この月がいわゆる霜月と称されるものです。たとえば農業を営む人たちは、この時期に収穫祭を行う。新嘗祭がこの中の一つです。稲の魂、稲魂というものを豊年に結びつけて大切に祀り、稲魂が強まるように願う行事が集中している。日本の大事な祭りは、霜月祭りにあると言ってさしつかえない。

新嘗祭はそういう中で司祭者である天皇が自分で作った新穀を料理して、それを天の神に捧げる日であると言われていたわけです。昔の新嘗祭を中心とした霜月祭りが終わったころに、いよいよ冬至がおとずれてくる。現在の暦ですと、十二月二十二日前後です。この時期は太陽の光が弱くなり身心も衰弱していると自覚する時期で、ちょうど歳末でクリスマスとか正月などの儀礼が対応することによって強調されている。人間の活力がおちてきたから冬至をこえて新しい太陽の光を求めようとする祭りになるわけです。いま我々が迎えようとしている正月の季節感は太陽の光が弱まって、もう一度甦ろうとする冬至の祭りを中心とした冬至正月といえるものです。

ところが、こうした暦の感覚は明治六年以降がらりとかえられてしまいました。真冬の最中に正月を迎えるという形になったわけです。春の暖かい時期に旧暦だったら迎えられるべき祭りの感覚がくずれてしまった。暦の混乱は近代以後の問題になるわけですが、昔の人は月（太陰）に大きなリズムを感じていたから、月の満ち欠けというものが女性に対して深い影響を与え、あるいは人間の生とか死とかに関わるとみた。つまり女の人の月のものと同じ月でありまして、月の満ち欠けに対して女性の生理が起こるということを考えていた時期が長い間あった。実際にそういうことがあったのかもしれません。女の人の講が月待といった月の祭りに集中しているのはそのためでしょう。

中でも「二十三夜待」というのが非常に多いのです。月待の一つで、二十三夜に集まる講です。以前は部落全体が宿に集まったのですが、現在では老婆や若い嫁など、女性を中心とする同信者集団となっている場合が多く、遠くから訪れる月の神を祀る厳粛な行事であったらしいと推察されています。以前は月の二十三夜ごろから女性の生理というものがはじまり、約一週間続いたというケースがあったのかもしれないという説もあります。あるいは「月立ち」と言いまして、月の朔《ついたち》ごろからあったのかもしれません。一つの自然のリズムがありまして、そこに神秘的な世界に関わっている。月のものがあるかないかということは、女性自身、子供を産むということと関係するわけです。月の満ち欠けというものはきわめて重要であったわけです。

二十三夜待に女の人が集まって何をしたのかというと主として子供を授かることを祈願したり、いい子に育ちますようにという子育ての祈願を中心としていた。そして女の講のメンバーたちは村の中で犬が死にますと、集まってその犬を供養した。これは安産だけではなくて、出産の深層心理の中で「犬」が一つの役割をもっていたということを示唆する事例と思われています。犬卒塔婆は死者の慰霊、犬供養というのは安産の祭りといったもので、ともに犬が関わっている。だから五カ月目に「犬」の字を書いた帯を身体につけるということは犬が別の世界から霊魂をこちらへ運んできて、母親の体内へいれていくというときの一つの折り目にあたるものであろうと考えられているわけです。

誕生の習俗

出産の儀礼は五カ月目の「うぶ祝い」が最初ですけれど、それが終わったあと、十月十日と言われていますから、まだあと半分ぐらいの期間を経て子供が生まれてくる。そこで、重要な問題は子供が生まれてくることに伴って、女性、つまり母親の身体自身がその時点で普通ではなくなるというわけです。もちろんもう一つの霊魂が身体の中にはいって次第に肉体となってきたというわけですから、一つの体に二つの霊魂があるというふうに信じられているわけです。妊娠の期間、つまり出産に至るまでの時間帯は霊魂が不安定なのでしょう。

たとえば相妊《あいばら》みという言い方があります。人気の高かったNHKテレビの「おしん」で、おしんがお姑さんにいじめられていた場面で、たしか一軒の家で二人の嫁が妊娠をした。おしんが妊娠して、もう一人里へ帰ってきた義妹が妊娠した。だからお姑さんは一軒の家で二つの出産があるということを避けようとしておしんを別棟の納屋にいれて出産させようとしたシーンを覚えておられると思います。あれは舞台となった佐賀県だけの問題ではなくて、いま申し上げましたように霊魂が私たちの合理的な知識を越えて、互いに反応し合うのではないかと昔の人が考えていた証拠でしょう。相妊みはそこから生じた俗信です。「妊婦の人が妊婦の人をお見舞いしてはいけない」といいます。なぜなら、そこにもう一つの不安定な霊魂があり、片方の霊魂と反応し合うのではないかということを恐れたのでした。

迷信といってしまえば簡単な問題ですが、迷信を越えて、そういうことを考えていたということは出産が霊魂の移動であるということを信じていたからです。特に赤ん坊が、か弱い存在の霊魂であるために、それが不安定な状況になることを避けようとしたのです。だから妊産婦のタブーがたくさんあります。たとえば、「火事を見たらあざになる」とか、「ものをまたいだり踏み台に登ったりすると、黒あざの子が生まれる」とか、おおよそ科学的には不可解な言い伝えをさかんに言うわけです。たとえば、「大口をあけてしゃもじでご飯を食べたりすると、三ツ口の子供が生まれてしまう」という言い方もした。なぜそんなことを言ったんだろうか。出産のときが非常に不安定なプロセスだから、なるべく霊魂が不安定な状況にならないことをひたすら願っていた。安定した状態で赤ん坊を産みたいという、あるいは生まれるべきであるという一つの願いが基本にあったんだろうと思います。つまり、出産は霊魂の移動するものだ、もう一つ別な世界を越えるものなのだと考えた。だから出産は神によって守られていなければいけない。こういう気持ちが非常に強いわけです。

日本には八百万《やおよろず》の神々というほどにたくさんの神々が存在しています。いちばん多いのが先のお稲荷さんで二番目がエビスさんだと言われています。しかし位の高い神社といえば伊勢の皇太神宮でしょう。そのほかに八幡さまとか、出雲大社とか、諏訪神社とか、各地に名社・大社がたくさんあります。ところが、これらの大神社の神々は妊婦が不安定な状態で困っている出産の段階ではお参りにくるなという規定をつくっているわけです。したがってお参りのときに神社の境内にはいれないし、祭りにも参加できない。これは妊婦が外出してはいけないということと通じているのですが、いずれにせよ大神社の神様は出産に対しては冷たい態度にみえる。

いざ出産のときが近づきますと以前は妊婦は隔離されて産小屋の中にいれられていた。産小屋は出産の場所で、臨月間近かになると、日常空間からはずされて別小屋に入れられたという地域が、現在では分布上は三重県とか福井県の海岸部などごく限られたところしか残らなくなりました。しかし西日本一帯にかつては産小屋をつくっていたという記録がたくさん残されています。また、産小屋をつくらなくても納戸という部屋の中でした。納戸は今では物置みたいになってしまいましたが、かつては夫婦の部屋でした。納戸のような仕切られたところに入れられて、子供を産んだ。つまり、なるべく隔離して子供を産まなくてはいけないとされていた。なぜならばそこはケガレているからで、とりわけ血を恐れる伝統がありまして、血を見ることをいやがった。場合によってはそれを不浄であるといって妊婦を隔離したというふうに伝えられるわけです。したがって神社を中心とした神様たちはその出産の時間帯は決して妊婦たちの周辺にはこないという形になっています。

産神信仰

では妊婦はどういう形で不安定な状態を切りぬけられるんだろうかということで、

産神《うぶかみ》という守護霊が別にいるわけです。出産の折に、産室に来て妊婦の安全を保障してくれる神格です。産神信仰は三つの形で現われています。一つは山の神だし、二つ目は便所神だし、もう一つは箒神であると言われております。

たとえば秋田県とか山形県あたりでは臨月が近づきますと、山の神である産神様を迎えに行かなくてはいけない。山の方に向かって馬を放つ。馬はぱかぱかと歩いて山の近くに行ってまた逆もどりしてくる。そうすると、人々はあの馬に乗って山の神が出産に立ち会うために降りてきたんであろうというふうに考えたというわけです。そして、臨月までに山の神が間に合ってくれれば安産になるといっています。山の神は出産のときに血がたくさん流れるということをいやがらない神様であるというので、大切にされています。

「うちの女房は山の神」という言い方をしますが、山の神はおかみさんとかおっかさんというのと同じもの、つまり奥さんです。奥さんという表現は武士社会の言葉ですが、一般には山の神といえば家にあって亭主の近くで、亭主を助けてくれる存在である。これは山仕事をする場所を支配している神です。その特徴は出産をする、子供をたくさん産み出すという神様で、猟師には獲物をたくさん与えてくれるし、豊富な収穫を約束してくれる。生殖の神であり、それが女房にかえられているわけです。そういう山の神が出産のときに立ち会ってくれている。

それから関東地方でよく聞かれることでありますが、たとえば群馬県や栃木県下の事例で「せっちん参り」とか「便所参り」というのがあって、出産の時期が近づきますと、妊婦はわざわざ便所へ行って、便所をきれいに磨く。そうすると、安産になるという言い方をいたします。赤ん坊が生まれますと、生まれたばかりの子供を連れてお姑さんが向こう三軒両隣の便所を歩いてお参りした。便所と日本人の関係を考えますと、たいていわかることなんですが、便所が単に排泄物を捨てるという場所だけではなくて、あの世とこの世の境にあたる空間と考えていたんではなかろうか。

御不浄《ごふじょう》と呼んでしまいますと汚ならしいし、雪隠《せっちん》というのは寺院用語ですが、いずれにしろ奥まった場所となる。しかし便所のあり方は古い農家なんかに行きますと決して御不浄というような処置ではなくて、入口のすぐ脇につくられていたり、便所自身がきれいに設えたものとして作られている。また便所を作るときに、そこに便所神という土人形を埋めてから作るという便所神の信仰、あるいは便所の中に便所神のご神体を祀っているような群馬県の例とか、そういうことからすると、便所は汚い場所という以外に何か特別の意味があったのではないか、それが出産と深い関係があったのです。

いまは水洗便所になってしまいましたが、以前は便所というと一つの穴がありました。その穴はあの世のものがこちらへくる通路のように考えられていた。ちょうど古井戸と同じものではなかったか。人が死ぬと古井戸に向かってその人の名前を呼ぶという魂呼びがありますし、また子供が気絶なんかしたりすると便所のところへ連れていって、逆さにふってその子の名前を呼べば、またなおるという言い伝えがある。決して便所が汚ならしい場所というだけでとらえられるものではなかったことを示すわけです。便所に出産のときにお参りに行くというのも、やはり霊魂を安全にこの世に運ぶために便所が聖なる空間であるというように考えてもおかしくない。

それから箒神は、今ではもう箒なんて使わなくなったし、電気掃除機で一気に掃除が終わってしまう時代になりましたが、以前は箒というと草箒を使っていた時期がありました。庭の一角に箒となる草を育てて、それはふっくらした、うまくゴミを掃き集められるような形をしているホウキグサです。そういう箒は、掃き清める役割をもっておりますから、悪しきものも掃き出してしまう呪的な力をもったものと考えられていたわけです。箒神はよく、長居をする客がいますとおかみさんが早く客が帰ることを望んで、箒を逆さまに立てたという。つまり、いやな奴を追い出すためのものだというように受けとめられております。

しかし、箒を逆さに立てるということはそうではなくて、そこに神が降りてくるということを表していた。たとえば毎年十二月十三日に、以前は煤払いという行事がありまして、家中の煤やゴミを払い出してしまう。払い出し終わったあと、使った箒を庭の真ん中に立てる。これを煤男とか年男と言ったりする。つまり、この立てた箒を目印にして、正月の神がやってくる。それはちょうど、門松と同じような役割をもたされているわけです。だから、箒を逆さまに立てるということは、そこに神がやってくるということを現わすのであって、妊婦がお産が軽くなるようにといってお腹を箒でなぜて、そのあとその箒を家のかど口に立てかけるという言い伝えがあるところをみますと、出産に立ち会う神様が逆さに立てた箒のところに降りてきて、出産をする空間を保護するという意味があるわけです。

だから、山の神と言ったり、便所神と言ったり、箒神と言ったりするが、実は本体は神社の神々ではなく、出産のときに現れてくる神だというように考えられた。この神と子取り婆さん、あるいはお助け婆さんと言ったりするお産婆さん――今はお産婆さんの人たちもだいぶ少なくなってしまいました。以前は病院なんか行かないですから、そうしたお婆さんにたのんだ――がきて、出産を手伝ってくれる。妊婦がお鍋とお茶碗だけもって、大きなお腹をかかえて、小屋の中にはいり、続いて呼ばれたお産婆さんがいっしょにそこに入り込む。以前は、座産（すわり産）と言って小屋の天井から縄がぶらさがっていて、その縄につかまって体をどんどん反らしていく。そして目の前に障子のさんが見えなくなるまで後ろに反り返ったところで赤ん坊が生まれたという。それを見守ってくれるのがお産婆さんと、それからその時に立ち会っている産神だけでした。

一方そのことを知っているのが動物たちであり、場所によっては狼とか山犬が出産まぢかになると、山奥で高らかに遠吠えをした。村人は狼の遠吠えを聞いて、「ああ、あそこのうちに赤子が生まれるなあ」というように感じた。また、狼が山から下りてきて出産をする産小屋の周辺をうろうろまわりながら妊婦の状態を守っていたという話もあります。そういう中で、母親が子供を産むという意識があったわけです。

生まれると、直ちに産飯をつくった。急いで御飯を家の者が炊くのです。白いご飯を炊いてそれを産小屋や納戸に供えて、難事業を終えた妊婦に食べさせる真似をする。同様に生まれたばかりの赤ん坊の口に米の飯をいれるような形をとる。もちろんそんなもの食べられるわけがないのですが、できるだけ食べさせようとする。特にたくさんの飯を炊いてお産婆さん、あるいはその家にきている手伝いの人たち、それから近隣の女の人たちに食べてもらう。なるべくたくさんの人たちに食べさせて、共食の力で子供が丈夫に育ちその社会の一員となるよう願った。つまり誕生をその時点で村中の人たちに認めてもらおうとする。産飯が最初に産神に供えられることが重要でありまして、生まれた子供の運命というものはまず産神によって支配されたわけです。

産神問答

日本の昔話の中に「産神問答」というのがあります。どういう話かといいますと、生まれた子供のこれからの運命について産神が予言をしてくれたという話で、それには媒介者がいる。その媒介者は旅の六部とか坊さんとかです。

かれがある晩、山の中のお堂に泊まり、うとうとしておりますと、馬のひづめの音が聞こえ、声が聞こえてきた。それは山の神の声でありまして、今晩ふもとのどこその家に赤ん坊が生まれる。それに立ち会うために里へ下りると言っているんですね。地元の氏神が山の神に対して、それではよろしく頼みますと言う。氏神の方は自分は行かないで待っている。やがて山の神である産神が戻ってきて、生まれたのは女の子で、あの子の命は六歳だ、十三歳だ、十五歳だとか年齢を次々と言う。たとえば「六歳水の命」と言ったりする。そうすると、その子は六つのときに水の事故で死んでしまう運命になる。

またある時、たまたま山中の堂に泊まって話を聞いていた一人の大工がいた。その大工はまだひとり者で、そのときに聞いた話によると、生まれる子は女の子、女の子は二十歳の年に、いまそこのお堂で寝ている男の妻になるという予言があった。それを聞いた若者はびっくりした。自分はもう二十五歳になっている。生まれた子供が二十歳になるころには自分は五十近くになってしまう。これはとんでもない話だ。なんとかその予言を妨害しなければと思い、その山を下りて待っていると、はたしてその村に子供が生まれた。女の子の命をとらないと自分はいつまでたっても結婚できないわけだから、親が出掛けたのをみはからってその家にしのびこみ、持っていた小刀で赤ん坊ののどを切りさいて、逃走した。時が流れその大工は旅から旅を重ねながらどうしてもいい妻をむかえることができないでいた。そして、とうとう五十歳近くになって偶然出会った一人の若い女と結婚することになった。そして初夜の晩、接吻しようとして胸もとを開けると、その女ののどに切り傷がある。これは何かと尋ねると、女は実は生まれた直後にどろぼうが入ってきて、のどを切って逃げてしまったと親に言われていたと話す。それで大工はそのとき傷をつけて殺したと思った赤ん坊が、今自分の妻になっていることを知って驚くのです。

「産神問答」の話は、このように生まれた子供の運命を結婚のときまで産神が支配していたと考えていた形跡がある。これが産神信仰の基本であり、子供が生まれて結婚までは霊魂をコントロールする存在＝神がいると信じられていた。運命というものは、人間がいかに合理的に解釈しても理解できないものがあって、そのことを長い間言い伝えてきているわけです。運命観といいますか、こういう話は世界的に共通していますけれども、この日本の「産神問答」はその一つのタイプを示しているわけです。

人間が生まれて結婚に至るのにいくつかの儀礼がある。「産神問答」の中ではたとえば三歳とか七歳とかそういう時期を折り目にする。それから十三歳とか十五歳という成年式の時期を折り目にする。あるいは十九歳とか二十五歳とか結婚適齢期の時期を折り目とする。その時期を危険な時期と想定しているわけです。共通して出てくる折り目の時期に生命の危機があるということは、その人のもっている霊魂が不安定な状態になるということと一致するわけです。だから、その不安定な状態を切りぬけるために人間はいろんな知恵を働かせて、儀礼を行ったわけです。これが通過儀礼といわれるものです。

氏神の公認

先ほどの子供が生まれるという直前直後はやっぱり最大の危機の状態でして、赤ん坊がまたもとの世界に引きもどされてしまうんではないかと人々は案じた。そういう不安定な状態であるから、産神によって大切に守ってもらわなければいけない。出産のことを「引きあげ」と言ったりしたことからも、これはもう一つ別なところからこちらへ引きあげるということを表しているのでしょう。そして生まれたばかりの子供をおくるみと称して、ボロでもなんでもいいからまず体を包んで、名前を一種の記号として付けてしまう。江戸時代の「宗門人別改帳」などをみますと、農民社会では最初に付けた名前をそのまま変えないで、たとえば生まれてすぐ、トラとか、カメとか、コウとか簡単な名前を付けていることがわかります。このトラとかカメとかは強い名前で、お七夜《しちや》のときにまた別の名前に変える場合もある。そして一人前になってから名前を変えるとか、そういうやり方をした。なんでもよいから最初にこの世にでてきたら名前をすぐ付けてしまう。そうすればその名前を呼ぶことによって、この世界にひき留まらせることができると考えていたようです。

そうして、三日目あたりにおくるみから手を通す着物を着せておく。これを三日目の祝いと言っています。三日目に手ぬきとか手通しとか言って、手を通した着物を着せる。着物は普通には体をおおうだけのものだと考えられていますが、着物を着るときの作法にはお呪《まじな》いの一種が加わっています。たとえば初めて着物を着るとき、その着物を逆さにして振ってから着るとか、あるいは人が死ぬと、その死者が着ている着物を左前に逆さまにしたりするとかする。着物には霊がこもっているという考え方があった。手通しの着物を着せるのは、人間の体になったということを表わすわけで、おくるみにくるんでいるときはまだ霊魂のこもった肉体の固まりのように考えていたらしい。

お七夜という生後七日目の夜に名づけの祝いが行われます。一生の最初の名前はお七夜のときに付けられるわけです。名びらきとか、名びろめという名づけ祝いは、別にこれを「仲間入り」と呼ぶ地域もあり、名前を披露したあと、その存在が社会的に一人前になるという。現在は二週間以内に役所に名前を登録するということになっていますが、以前は七日目のお祝いでした。

日本は地震国で、地震が起こると、世の中が変わるという言い伝えがあります。茨城県あたりですと、生まれた子供にすぐ名前を付ける。地震が起こる前に名前を付けないと、その子はまた別な世界に引きずりこまれてしまうと言ったりします。地震を「世直り」とか「世直し」と言う。これは地震国ならではの表現です。地震でこの世がひっくり返るということを恐れていたわけで、ひっくりかえると別な人間になってしまうから、その前に名前を子供には付けておかなければいけないと考えていたわけです。

そして次に、地域の守護神の氏神様に公認の願いを出しに行かなくてはいけない。それが宮参りというものです。生後、男が三十二日、女が三十三日と一般に言われております。その期間を経てはじめて氏神が公的に認めてくれる。氏神の前に連れていき、子供のお尻をつねったりして、わざわざ大声で泣かせたりする習わしは、それによって氏神に公認を求めようとする呪いの一種であると言われています。生まれてくる子供を社会的に認めるという時点までは、氏神の境内の中には出産に伴う不浄があって入ることはできないのです。忌が明けて三十二日目あるいは三十三日目、女の子の方が一日多くなっています。これも女性に対する一つの差別でしょうが、その期間を長くとって、まずお姑さんと赤ん坊が氏神に公認を求めにくる。母親の方はまだその後になるのが以前は普通でした。これが宮参りです。

宮参りが終わったあと、生後百日目のお食い初《ぞ》めという儀式をするんですが、これは産神に対する祭りの一種でして、赤ん坊に食膳をもうけて、赤飯・焼き魚などを供える。そしてお膳の上に小さな石を河原から拾ってきて置くというやり方が多い。百日目なんていうのはまだ子供は米粒などは食べられない。生まれた直後に赤ん坊に食べさせようとすることや、赤ん坊が食べられないのを承知でありながらそれをわざわざ供えるということは、むしろ赤ん坊に供えるというよりも産神に米を供えるということであり、産神に対するお祭りになる。そのときに供えた米粒を一粒でも赤ん坊に食べさせれば赤ん坊は強くなる。つまり、産神へのお供えものを食べさせれば強くなるという呪術であります。産神が小石で表されるように、その小石には霊魂が宿っているのです。小石はご神体として使われているものでしょう。

こうした産神は『古事記』や『日本書紀』で説かれる祭神の名前と一致しない。いわば名もなき神でありますけれども、現実には不安定な状態の魂をきちんと守ってくれる役割をもっているのです。産神は何回も何回も現れるけれども最終的には結婚式のときまで見守っていてくれる。また、子供が生まれるときに立ち会ったお産婆さんとのつきあいも、一生涯続くものだと言われていました。お産婆さんという言い方をしていますが、たぶん産神の指示によって赤ん坊を扱い、これを安全なところに導いてくれる役なのです。お産婆さんはそういう意味で産神に仕える巫女のような存在であったろうと言われています。だから生命の最初の保護者であるお産婆さんと生まれた子供のつきあいは長く続いていくわけです。しかし、お産婆さんとのつきあいも、現代社会ではもうほとんど考えられなくなってしまいました。

要するにこうした民俗事実は生まれてから育っていくに至るまでの霊魂の不安定な

状態を防ぐところに一つの折り目が置かれていたことを示しているのでしょう。

夫の役割

ところで、夫はそのときどんな役割を果たしていたのだろうか。出産のときに妻と一緒にいることができなくて、別のところへ逃げてしまうのが普通でしょう。しかし、夫婦が同じような苦しみを出産のときに味わっていることを示す例として「夫のつわり」があります。つわりは女の人にあるものですが、出産間近かとか、あるいは女房がつわりを起こすと一緒になって、同じような状態になってくる。たとえば、お産が近づいて奥さんが不安定な精神状況になると、亭主はどういうわけかやたらに柿の木に登って、あちこち見回してキョロキョロしているという話がありました。すると通りがかりの人が「ああ、あの家ではそろそろお産が近づいているな」と思う。また妻と一緒になってゲーゲー吐いてみせたりする。これはどうも愛情深い夫で神経質気味でノイローゼ気味となり、やむにやまれぬ行為としてやっているということで、医学的にはどうもはっきりしないんですが、一緒になって調子がおかしくなってしまうご主人もいる。

夫は赤ん坊がいよいよ生まれる段になると、家の回りを大きな石臼をもって汗を流しながらぐるぐる回っているという伝承もかつてあった。これは妻と同じような状態に自分をおとしめて、役割を分担しようとする男の願いであろうと説明されています。

部族社会ではクバート（擬産）といって男がお産の状態と同じようになって、隣りの部屋で妻の代りに激しい声をあげて、部屋の中を動き回っているという習俗が報告されています。女房の方は亭主があまりすさまじい状態であばれ回るので、そっちに気をとられている間に子供が生まれてしまう。夫が妻の代りに苦しみを背負ってやったということで部族社会に多いものです。ところが、日本にはクバートそのものはないが、先の「夫のつわり」とか、出産時に家の回りをぐるぐる回ったり、一緒になってゲーゲーやったりするデータが出されているわけです。つまり本来は夫も決して出産が不浄であるといって逃げていたわけではないのでしょう。

要するに安定した状態にもちこむためには懸命にお呪いをしようとした。たとえば、「夫のフンドシ」という例がありました。帯祝いのときに犬のしるしのついた帯だけではなく、亭主がつけているフンドシを妻のお腹に巻きつけたりする。そうすると、安産になるということでありますから、これもやはり夫が協力している証拠なのでしょう。

七五三

冷たいのは氏神をはじめとする大神社の偉い神様たちでありまして、出産から三十数日間ほっぽらかしておいて、あいさつにくればいいだろうという程度で処理してしまうわけです。そして氏神の認可を得ますと、それ以後は自分の氏子と認定します。そして氏子として扱い、氏神と子供との関係はその後順調に行くようになる。折り目のたびごとに、氏神はあいさつを受ける。たとえば、二―三歳ぐらいに「紐おとし」という儀礼があって、今まで紐で結んでいた着物から帯を一人前につけるようになる。これを紐おとしの祝いと言うのです。それから五歳ぐらいの男の子が袴をつける「ハカマ着の祝い」というのがある。七歳ぐらいになるとこれも紐おとしとして、着物を着てお祝いする。着物は折り目を表すときのハレの衣装で象徴されるわけです。ハレやかな衣装を身にまとうということが重要だったわけです。着物を着たり、脱いだりするわけですが、普段着はともかくハレ着というものは一つの折り目につけるもの。だから折り目につける衣装には何か意味があった。

女性が着る最大のハレ着は一人前の女になったと認められたときに着る衣装だと言われておりますが、これは十三歳の祝いのいわゆる成女式といわれるときのものでした。現在は一月十五日の成人式が行われてみんな振り袖姿でまいりますが、生活合理化運動から言うと意味がないんではないかという意見もある。しかし、着物を着るということは、通過儀礼の折り目を表しており、ハレの着物を着て公的に認められるということに一つの意味があったわけです。

「紐おとし」から帯をつける着物になるという時期は三歳ぐらい、それから七歳ぐらいが圧倒的に多く、地域によってみな違うのです。究極的には七歳、そして「七歳までは神のうち」という言い方をして、七歳までは人間と神の間の存在にある。子供が素晴らしいということは神の身近かにいるという表現が与えられる存在であるからです。大人になっていくと神からだんだん離れていきますが、「七歳までは神のうち」の状態だと神の言葉を突然言えることもある。

お稚児さんはふつうお祭りのときに化粧をして馬に乗せられていく。これを「ひとつもの」と言い、よく肩車になったお稚児さんは、小学生一年になるかならないかという年齢ですから、お祭りで大人が大騒ぎしているうちに眠くなってしまう。そして、うつらうつらしていると、かえって大人たちは喜ぶわけです。なぜなら、そうした状態だと神が乗り移ってきたと思い、子供が何か言い出すかもしれないと待ち構える。子供があくびをして、「あっち、あっち」などと言うと、あっちの方に何か素晴らしいことがあるんではないかといって喜ぶ。ちょうど、二つか三つぐらいの子にお前はどこから来たかというと、ぜんぜん子供はわからないまま手をあげる、その方角を探していくと、そこはおじいさんのお墓であったりして、死んだ祖父の霊が生まれ変わってきたというような言い伝えもでてくる。

それほどまでに子供の挙措・動作が神に近いものだと考えられていて、それが六―七歳ぐらいまでであると言われていました。七歳の年にハレの着物に着がえて村の鎮守の神様のところへ行ってあいさつをする。そのあいさつをする日取りがだいたい旧暦の十一月ごろでした。そのときは村の鎮守で収穫祭が行われていて、そのときにあわせて、ここまで成長したということを氏神に報告に行く。このお祭りがいわゆる東京・大阪・京都を中心にやがて七五三としてデパートが率先してやりだした行事と結びついているわけです。

本当は二歳か三歳ぐらいの時期と七歳ぐらいの時期、いちばんいいのは七歳がいちばんよかったわけですが、五というのは七・五・三という聖数によって、ラッキーな年というので、一緒に集めてセットにしてハレ着を売るようなかたちになってしまった。人によってはデパートが商法で売りこむのはけしからん、あんなものなくしてしまうべきだというのですが、それにもかかわらず子供にハレ着を着せて連れていくという親の心情は、単にそれをなくせといっても簡単になくなるものではないのでしょう。ハレ着に着せかえていく、たとえば紐から帯になったり、あるいは袴を着せたり、振り袖を着せたということは、その着せることによって折り目を通過したことになり、そのことを氏神に報告するための一つの行為でしたから、それをうまく商業政策にのっけてしまったデパートの方が一枚上手だったわけですね。

ただ七歳のときだけにやればいいじゃないかということぐらいはやはり言うべきでしょう。三・五・七とむりにする必要はないじゃないか。七歳にやればそれで十分なんですが、都会生活は不安が多いですから、しょっちゅう神様に報告や連絡をしてあいさつをしておかないと困るというわけで、行くチャンスをなるべく多くつくろうとするわけです。農村に行きますと、東京の風習がこちらの方にやってきて、やらざるを得ないという言い方をしたり、「いやそんなことはやりませんよ、ただ七つになればお祭りのときに子供にハレ着を着せて連れて行きますよ」というように、七五三をあまり意識しない地域が昭和三十年以前まではまだあった。三十年以後になると、都会の風習がすっかり田舎に入り込んでしまいましたから、あっという間に七五三が全国的な規模で行われるようになってしまった。東京などの都会の風習が、日本を代表するような形になってきた例というのは今の七五三がその一つです。

また、お葬式のときに黒の着物を着るという風習が明治の三十年代から四十年代以後だんだん広まっていきまして、今では喪服は黒になってしまっています。これは、江戸時代の武士社会で行っていた礼装ですから、侍のユニホームです。それがどうして広まってしまったのか。江戸に住んでいた武士人口は非常に多かったのですけれども、日本の全人口から言えば約七割が農民でしたから、農民たちは黒い喪服を着ていたはずはない。

たとえば終戦直後の昭和二十一年に靖国神社で合同慰霊祭が行われた。その慰霊祭のときに全国から大勢、銃後の妻で、未亡人になった方たちが来たわけです。新聞記事では、その中に不謹慎な女の人たちがいるということが書かれた。何となれば、参拝者が死者の霊を慰めるために黒の喪服で集まっている中で、二割ぐらいの女性が色物の振り袖で来ていた。何たることであるかとその新聞記事が批判したわけです。ところがその女性たちは、四十代の地方の人たちでありますが、そのやり方がごく当然であると思って来たわけです。振り袖姿は、つまり嫁入りのときの衣装であり亡き夫の霊を弔うためにそれを着てやって来ている。逆に彼女たちは、大部分の人が黒の喪服なのでびっくりしてしまったということです。つまりこれはハレの衣装なのです。

お葬式のときもハレの衣装を着るものだと考えられていたのであり、女性にとってハレの衣装とは嫁入りのときよりも成女として一人前になったときに着る衣装なのですから、そのときに作ってもらった振り袖を着るというのは別におかしくないわけです。

花嫁衣装と同じ白むくの衣装で葬式に参列するところもありました。私がまだ学生時代の頃（二十五年ぐらい前）、伊豆半島の漁村に行って、お葬式を見たときも、白い被衣姿《かずきすがた》の女性たちが一団となって歩いていたのに出くわしました。被衣姿は花嫁衣装のときに上からかぶる角隠しと同じもので、花嫁が着るものは清浄を表わすということで白を着ることになっています。日本人のハレの衣装のもっとも晴れやかな色は白です。その白で身体をくるむということが生まれ変わるための儀式になるわけです。花嫁が頭からすっぽり真白いものに包まれるということは、それを脱いだときに、新しいものとして生まれてくるということを示すものなのでしょう。その晴れやかな衣装で葬式のときにも参加するのもごく自然の理でした。

最近の若い人の結婚式というのは不思議な結婚式でありまして、お色直しというものを三回も四回もやります。お色直しというのは被衣を取る。つまり、角隠しを取るという意味なのですから、それによりハレ姿から普通の姿になる。これをお色直しと言うわけです。色という、あるいはお葬式のときに体に白い布きれだけを付けたり、派手な色の帷子《かたびら》だけを付けたりする。それもやはり色と言っているわけです。葬式のときの色も結婚式のときの色もやはり同じような意味をもっているわけですが、地方に東京の風習が入ってから混乱してしまった。黒がはやり出したというのは明治の末から大正のはじめ頃です。東北地方の地方都市でも東京のやり方だというのでそれを真似して黒いユニホームを着るようになってきたわけです。

だから東京の風習は決して日本全体をとらえたものとは言えない。ちょうど東京弁が正しい言葉だというのもおかしい話で、これは東京地方の方言にすぎない。それを文部省が一つの基準にして、東京弁を正しい言葉にしてしまった。言葉の混乱が強く表われて、国語教育としては難しい問題ですが、東北弁・関西弁を使ってなぜ悪いかということになってくるわけです。東京弁をいい言葉だというように位置づけてしまった。東京の風習が地域に根生いの儀礼を変えてしまっていることがあるわけです。

成年式

重要な折り目をむかえる男の成年式は、現在では一月十五日です。以前若者が一人前になるということを認めるのはだいたい十五歳前後でした。十五歳の時期になると、親もとを離れて若者組の合宿生活に入るようになりました。一月十五日ごろに若者宿へ入ることになっていたわけです。ちょうどその頃が漁村や農村の若者組の初寄合という時期でもあります。十五歳になった若者が父親か近所のおじさんに付き添われて初めて若者宿に入る。そうすると二十五歳ぐらいを頭にした若者の兄貴分たちがそれを受け入れる。西日本の沿岸地帯になりますと、一人前の若者だというならばまず、その日に童貞をなくして一人前の男にさせなければいけないというので、入会式が終わりますと、若者をわざわざ年上の女性のところに連れていってこれから一人前になりますからよろしくと若者組の方からあいさつした。新入りの十五歳の若者は地域によっていろいろ違うんですが、たとえば、娘組の方へ連絡するところもある。これは西日本の沿岸などに多いのですが、娘組は未婚の女性たちの集団であり年上の女たちが十五歳の若者に対して、いろいろと教える。これを長崎県下などでは「ハダ合せ」と言ったりしました。それによって若者は一人前になったと全員が認めたのです。

これは別に猥褻であるとかということではなくて、村全体が一つの社会教育としてもっていたシステムであるわけです。だから、ヨバイは「夜這う」（よっんばいになって相手のうちに忍び込む）というようなエロチックな姿ではなく、ヨバイは「呼びあう」という表現にもとづくのでした。霊魂が相手の霊魂にささやきかけるというラブコールです。そしてプラトニックな性格をもったものでした。好きな者同士が通ずる一種の霊波みたいなものなのでしょうか。だからなんとも言えないいい言葉です。そういうもの同士が結ばれる前のトレーニングとして男と女の仲はこういうものであるということを社会教育の一環として教えこまれていた。これが成年式の重要な儀式でありました。

村の社会では子供を産んで大切に育てなくてはいけない。それが村を継続させる重要な役割をもっていますから、一人前になるということはセックスも十分にできなくてはいけない。婚姻する能力をトレーニングしなくてはいけない。だから若者組と娘組との間でとり決めがある。娘組がないところでは、年上のおばさんたちの講があった。おばさんたちの講はたとえば念仏講などという名前になっております。主婦たちの集団でそこへ若者を預けると、念仏を唱えながらいろいろ教えてくれるという話もあります。リラックスさせながら、一晩かけて『般若心経』を唱えつつ、その合間合間にセックスのやり方を年上の女性が教えてくれたと赤松啓介氏の調査報告が語っています（『非常民の民俗文化』明石書店）。

そういうことをごく自然のものと考えていた時期がずいぶん続いており、近代以降それがだめになってしまった。性に対する考えはどうやって生活していけば共同体とか村が維持できるかという基本的な生活律なのであり、その中に性が非常に大切に位置づけられていました。それはいい子供を産み育てるために作られたシステムなのです。その意味が現代社会においてはふしだらな行為だとみなすような価値観の方に優先されてしまったといえましょう。

これも武士社会の思考ですが、たとえば奥さんとか奥方というように、女性は奥の方に引っこんでいる。それを明治の言葉では上品な言葉が〝奥さん〟であり、〝かみさん（上様）〟とか〝おかあ（御母）ちゃん〟といったいわゆる民俗社会の、女の人を上に位置づける言葉が逆に下品な言葉とされてしまった。こうした日本の近代以降の流れが中心になってまいりますと、民俗儀礼もその意味が変化せざるを得なくなってくるわけです。

成年式で十五歳、女の人は成女式で十三歳。月のものをみたことをもって、成女、つまり一人前とした。その折り目があって、そこに重要なお祭りがある。成女式とは村をあげての儀礼でした。なんとなれば子供を産む能力をもった女性が社会的に認められたということですから、女性にとっては一世一代のお祭りである。だから「鉄漿《かねつけ》祝い」と言いまして〈一人前になった女です〉ということを表すために、鉄鍋などにくっついている鉄をおとして、それをぐつぐつ煮て、その鉄で歯を染めた。いわゆるお歯黒を塗るということによって女として一人前だと表示させた。

また、沖縄ではかつて女が一人前になったというので、手の甲に文身《いれずみ》をさせていたことがあります。これは一人前の証拠として、身体に刻みの痕を入れる、いわば人生のパスポートの役割を果たしているものです。そうやって、一人前になったことを明示しようとしたのでした。

女性に振り袖を着せる。そして歯にお歯黒を塗り、その村をぐるぐる回って歩く。成女になったことはお祝いすべきだということは、例の〝おしん〟の中でもやっていました。もらわれてきた女の子が月のものがきて泣き出したところでおしんが気がついて、一人前になったというのでみんなで喜んで赤飯を食べるシーンがありましたが、それを村中でやるのが成女式でした。特に女性の場合は非常に派手に振る舞ったわけです。

嫁入りの時間

嫁入りの儀式は考えようによってはきわめて簡単なものです。たとえば、長崎県の対馬地方にある、「てぼから嫁」などといって、嫁入りのときはもうそれ以前に何回か性交渉を重ねていて、お互いに好きな者同士なんとなく結ばれていて、そこに当然子供が生まれています。子供はもともと里の実家のものだと考え、女の方に属するものだと考えられているから、里の方で育てられます。育てられた男の子がだんだん大きくなってくる。そうするとそろそろ嫁入りしなければいけないなあということになる。ちょうど夫の方にはうるさい姑さんがいても、年とともに実力を失っているから、そろそろ夫の方に引き移ろうという形になってきまして、お鍋とお釜と大きくなった子供と一緒に手をつないで、嫁に行くという。これを「てぼから嫁」と言ったのですが、そのときは派手な嫁入りの行列なんかしないでも自然に夫の家へ入っていく。そうすると、受け入れる聟方は主婦の座は一つしかないですから、かかあが天下を握るという言い方により「かか座」という囲炉裏で決められた場所に主婦が坐る。その主婦の座に嫁がついて、亭主の母親は退くわけです。そのときに、子供を連れて入ってくる嫁は、嫁入りによって主婦権を引き継ぐ形になるのが理想的だとされていたわけです。

武士社会は嫁入り婚で、姑が威勢のいいところへ何もわからないで入ってしまった嫁が、そのときはじめて始まる女同士の激しい戦いの中に身をさらすという時期が永く続く。それが主たる武士社会の婚姻方式で、農民とか町人たちの社会に影響を与え、いわゆる嫁入り婚が広まったとされる。嫁入りが勢大な行列になるのは当然ですが、今言ったような「てぼから嫁」みたいな形をとるならば、成女になったらばそのときが女としては一人前ということになり、そこに重点がおかれている。だから成女式は女にとって最大のお祭りになっているわけです。

ひと昔前はだいたい十九歳ぐらいまでで、嫁に行くのが普通だと言われておりまして、二十を越えると「おばさん」と言われました。いま女子大生にそんなことを話すと、みんなギョッとして、十九なんてとても考えられないことになるんです。もう三十歳近くまで一人でいても別に何とも言われない時代であります。女は十九、男は二十五ぐらいで、それは奇しくも厄年と一致しているわけです。厄年というのは、七歳とか、十三歳、十五歳、十九歳、二十五歳、三十三歳、四十二歳と男女入り混ってあります。いずれも通過儀礼と深く関係している。十九歳というのは娘時代が終わって嫁に行くという時期、二十五歳というと、若者組を終わって結婚する時期にあたる。

そういう折り目を経て、女が三十三歳ごろというのは主婦権を獲得する時期のようです。三十三歳のお祝いというと里と縁を切ることになる。里からきれいな着物を送ってもらってそれでおしまいになる。実家に依存する度合が少なくなる。今度は婚家の主婦権を守るようになり、主婦としての立場が確立してくる。同時に、子育てがだいたい三十三歳ぐらいでほぼ終わる。十九歳で嫁に行けば、その間、姑との激しい戦いがありましたから、心身ともにくたびれて、三十三歳ぐらいで案外病気になりやすい。

『源氏物語』では女の大厄が三十七歳の祝いといっておりますから、そのくらいの年もあったと思います。要するにその頃は肉体的にもダウンしてしまっている。それで後に厄年といわれたりする。それから四十二歳の男の方もそういう立場になります。普通の会社なら部長さんや課長さんになったり、役職につく年でもあるけれども、いずれにせよ、肉体的には疲労してくる。厄年という言い方、これを別に年祝いとも言っている。年祝いの一連のプロセスで厄年と言われているのはどうもある年に災厄が伴ってくるという言い方ですし、肉体的に衰えてくる時期でもあるので医学的にもほぼ一致している。

女の三十三、男の四十二、いずれも中年の域に達してくる時点で、それを乗り越えていくためには、盛大なお祝いをして、贈物をもらったりあげたりした。年祝いというのは贈物をたくさんもらうほかに大勢の人を招いて、どんちゃん騒ぎの宴をもつ。厄年の祝いというのはそういうものなんです。大勢人を招いてきて、盛大なお祝いをすることによって、災厄を分散させてしまう。あるいは年を改めてしまう。四十二歳だったらすぐに四十三歳にしてしまうとか、意識の上で切りかえることによって厄に勝とうとする。これを厄勝ちの思想といいますが、災厄に打ち勝っていこうという儀礼が行われるわけです。災厄を乗り越えるため年祝いをしながら、還暦の祝いとか、古稀の祝いとか、喜寿の祝い、米寿の祝いとつづける。八十八歳が一つの折り目だといわれております。

人間が八十八歳まで生きるということはたいへんなことなんです。八十八歳まで生きれば、もうこの世のものとはいえなくなる。たとえば、「八十八歳になればミロク様になる」などということを石川県能登半島とか長岡市で言っておりました。ミロク様のミロクとは五十六億七千万年後に現われる救い主である仏でありますが、日本では人寿をまっとうすればミロクになるという言い方をするくらいです。だから、八十八歳まで長寿をまっとうすると考えていたのです。特に日本はお米の国なので、八十八と書いてつまり、「米」という字になるという語呂合わせもある。ミロク菩薩はお米の菩薩であるという言い伝えもあることで、稲作りをしていた人が稲の菩薩の最高位に達してしまうというわけです。

葬式の意味

八十八歳になれば人寿をまっとうするんですが、そうもいかずそれ以前にあの世へ行ってしまうことになったときに行われるのがお葬式です。先ほど言いましたとおり、葬式とは死者をあの世へ送り込む技術でもありますが、とりわけ肉体から離れた霊魂を鎮めなくてはいけない。つまり、死霊が怨霊になり祟《たた》りを起こしたりすると具合が悪いから、なるべく霊魂は死体の近辺におきながら、荒々しい気持ち、いろいろな恨みを残して死んだ人の霊魂は鎮め祀っていかなければいけない。それがお葬式の基底にはあるんです。霊魂をもう一度この世にもどそうとする意識と、それから荒れる霊魂を鎮めようとするのが仏教のお坊さんの役割です。そういう仏教の技術は霊魂の安定化をはかろうとする目的があります。

葬式の期間が長時間にわたって行われていたことは、『古事記』や『日本書紀』にも出ていることです。だいたい七日か八日ぐらいかけて、どんちゃん騒ぎをして、大声をあげて酒を飲んで暴れまわった。お通夜というのは、そういうものだとされている。つまり離れつつある霊魂をこちらへもどさなければいけないから、お通夜はシーンとしていないで大声を出さなくてはいけないという説明はそこからきているわけです。

今はお通夜というと、一晩で終わってしまいますが、しかし以前はなるべく長時間お酒を飲んで大騒ぎをしていたわけです。それでもいよいよだめだとなれば、そこで肉体と霊魂を分離させる作業にとりかかりました。つまり肉体を土の中に埋めたり焼いたりする。しかし霊魂というものは空中を漂って別な人の体内に入り込むのでしょう。これは霊魂不滅説であり、肉体というのは容れ物にすぎないという考えが生まれてくるんです。だから肉体が消滅しても霊魂はこの世に止まり、独特な表現である「草葉の陰から」が生まれてきたんだということになるわけです。死の儀礼は、実は生ということを求めるための、あるいはもう一度生まれ変わってくることを求めるための盛大な儀式でありますから、黒の喪服でしょんぼりしているよりも振り袖姿で華やかに集まるのだという意味も決して否定されるべきものではないわけです。

日本人の一生に対する人生観は、こういうように霊魂との関係でとらえていきますと、人が生きているかぎり共有できる深層心理をもって伝えられていくものではないでしょうか。形は変えられますけれども、それに接する気持ちはそれ程変わらないものなのではないかと思うしだいです。

Ⅱ　神・妖怪・祭り

木曾の御嶽信仰

今は東京都文京区も新しいリメイクされた都市計画に入っているようですが、地下鉄の茗荷谷駅の前には、かつて東京教育大学がありまして、学生時代、私はずっとそこで日本史学を勉強しておりました。歴史をやっておりますと、どうしても古い文献をひっくり返して昔の出来事をまとめるということになります。当時私の指導教官であった和歌森太郎先生から、「人のやらないテーマをやりなさい。特に自分の身近かの具体的な事実に基づいて研究すると意味がでてくる」という指導をうけました。

そんなある日、たまたま当時国鉄の新宿駅の階段を下りておりましたときに、白衣の集団にでくわしました。これは御嶽行者（御嶽講）という、木曾の御嶽山を信仰している集団だったのですが、この集団の人々が奇妙な格好をして、これから木曾福島まで出かけて山にお籠りをしようというときだったわけです。そのときの私は何もわからず、ただこの白衣姿の異様な集団が十人くらいかたまって歩いているのが印象的でした。これが一つのきっかけとなり、その後、木曾の御嶽講とか富士山を信仰している集団が東京にはたくさんあることがわかりました。

私の大学の先輩の森安彦さんが世田谷の太子堂にあって古い江戸時代からの名主さんの家だったのですが、森家は木曾の御嶽山を信仰しておりまして、十八世紀から十九世紀にかけての古い江戸時代の文書が残っているというのです。この古文献が木曾の御嶽講についての文献であったことと、たまたま新宿の駅で十人くらい並んでいた白衣の行者さんたちの姿が印象深かったこと、また木曾の「御嶽」という文字が、古い神秘的な、何かオカルトめいた世界のように思われて気に入り、関心があったものですから、私は、森家におじゃましまして古い文書を読ませてもらいました。

これが卒業論文の執筆のきっかけとなり、世田谷の太子堂村の名主だった森家の人たちと、御嶽講の人々が集まって木曾の御嶽山に登る前に私も参加させてもらうことになりました。

山へ登るといっても、御嶽山は聖なる山ですから、いわゆる登山のための試験があるのです。それは、深夜森家のお宅の裏の祭壇のところに今年一緒に山に登る人が集まり、半紙に自分の名前を書いたものを護摩の火を焚いた中に投げ入れ、『般若心経』を唱えるのです。もし自分の名前のついた半紙が上にあがらず下に落っこちてしまったら試験にパスしないということで山に登れません。私も卒論がかかっているものですから、なんとか半紙が天に舞上がることをひたすら祈ったのです。理論的には熱せられた暖かい空気が上昇するわけですから半紙は滅多に落ちないわけで、私もどうやらパスしてメンバーに加えられました。

この一行とバスに乗って木曽福島まで行き、いよいよ山に登りはじめたのです。ところが、先輩の弟さんで、当時早稲田大の理工学部の学生だった人が、やはり我々と一緒に歩いておりましたが、彼はこういうナンセンスなことを兄貴たちが代々継いでやっているのがわからないと内心思っていたらしくて、行者の集団の一番後ろにくっついて、こういう非科学的なことを今頃やって何になるのだと批判的だったわけです。御嶽講に参加してる人は中学校の先生とか大工さんとか、あるいはサラリーマンと、みんな日常的にはちゃんとした職業を持っているのですが、そのときだけはリーダーを中心に白衣の集団となり山へ登っていくのです。

御存知のように、木曾の御嶽山というのは中世以来の修験道の山として知られています。特に有名なのは、「なかのり」という、神が乗り移る男のシャーマンを中心とした修行をする集団であります。

御嶽行者が登っていくと、だいたい七合目か八合目あたりになると雷鳥が飛んでくる。それが神のお使いであるというふうに行者たちは信じておりました。その八合目あたりでは霊域に入りますと、六十代、七十代という老人たちが急に背筋がしゃんとなりまして、我々よりも早く険しい坂道をかけ登っていくというような、日常では考えられない事態が起きるわけです。それでその都度立ちどまってはお祈りをし、神がかりの状態となる。たとえば御嶽の行者は空中を浮遊したりする。空中といっても、地面から一尺ぐらい宙に浮かぶんですが、私は、そういうのを見てびっくりぎょうてんしましたが、早稲田の学生さんはそれを見て、誰か後ろであやつっている者がいるに違いないといって批判をしていました。当然そういう見方も起きるでしょう。

そうこうするうちに、小さな〝血の池〟と称する池があって、リーダーの行者が「ここは聖なる池で、もし不浄な者がここをかきまわしたりすると、雨が地面から降ってくるといういい伝えがある」と言いました。それを聞いたかの若者は「そんなバカな話はない、俺が実験してやろう」と言って、持っていた杖で猛然とひっかき回しました。血の池といっても火山系の山によくある鉄分を含んでいる池のことですから別に不思議はないのですが、それをひっかき回したものですからタブーに触れるわけで同行の人たちは青くなって、どうしてそんなことをするんだとたしなめる。「大地から雨が降る」「そんなことはない」と言い合う。しかし行者たちは真剣になって厄除けの祈禱などをしてから、また登り始めたのですが、突如として雨が地面から降り出しました。これは、高山では雲が低いので雨が下の方から激しく叩くという状態で、山にいればそういうことはしばしば経験するのでしょう。下半身がびしょぬれになるという状態でした。若者は、言い伝えどおりになったと講の人たちからこっぴどく叱られましたが、それでも「俺はそんなことは信用しない」とさかんに言いながら一緒に登っていったのが記憶に残っています。

木曾の御嶽山の信仰は、江戸時代から大変普及していて、神がかりをして託宣をうけるという内容のものなのですが、現代の社会が大変なハイテク時代になり、高度文明を持つ民族であると世界中から思われているにもかかわらず、今言ったような木曾御嶽山の信者が今でも講社を持ってそれぞれの地域で活動しています。信者たちは昼間はちゃんとした職業についていますが、夜になるとそういう集会に出かけていってお籠りをしたり修行をしたりする。かなりの人々が大都会の中でそういう非日常的なリズムを取り入れて生活しているということは、以前から指摘されているのです。

そのような精神土壌として、様々な霊魂——宗教学的にはアニミズム——が人間に憑依《ひょうい》し、自然界の意志を伝えるのだという信仰は、古来から大きな変化はしないまま、現代日本人の心情の中にも潜んでいる。私はそういうことを卒業論文にまとめたのが病み付きになりまして、もう二十五年近くもその分野の研究をやるはめになってしまいました。

稲荷信仰と初詣

江戸時代に民間信仰という形で広まっている日本人の日常的信仰は、たとえば先般和歌山県下で集団自殺をした新宗教のグループのようなケースは日本だけではありませんけれども、外国人から見ると、やはり一風変わっていると感じるらしく、神とか仏とか、あるいはアニミズムといった様々な霊魂と交わりを持つ度合いが、日本人は伝統的に濃いのではないか、とよく言われます。未開の部族社会など、文化人類学が研究しているような社会の中には、はるかに迷信深いと思われている部族はまだたくさんいるわけですが、アメリカとかヨーロッパ、或いは中国、韓国といった文明民族の中で、たくさんの神や仏を信じたり関心を持っている層が圧倒的に多いのは、どうも日本らしいと聞きます。

よく引かれる例に、羽田空港のお稲荷さんと成田のお不動さんがあります。つまり空港という国際的な交流の玄関がある場所に、伝統的な神や仏が一緒にくっついている。羽田の場合、かつてあそこが空港になる前は羽田新田村でした。鈴木次郎左エ門という人が名主になって土地を開発していたときに、海の近くの村ですから嵐があると大波が襲ってくる場所ですが、それを防いでくれたのが狐の一族で、その守り神としてのお稲荷さんがその後も、旧羽田村に住んでいたといわれておりました。ところが羽田空港ができたために羽田のお稲荷さんはそこから移転させられることになったのですが、人間は全部移ったけれどもお稲荷さんの狐だけが反抗して、結局今も羽田の駐車場のど真ん中に、お稲荷さんの鳥居だけが残っているというわけです。そして、幾たびかそれを本社の方へ移転しようとするのだけれど、工事を始めると飛行機が落ちる事故が起こるというふうに世間話に言い伝えられており、その狐の祟りをおそれて鳥居を動かせないというわけです。

そういうことを日本に来た外国人の学者に説明すると、狐の祟りなどということをおよそ信じているような国民には見えないけれど、そういう言い伝えでも残していることは不思議である、と非常な関心を持つわけです。

外国人研究者が興味を示した事象の一つに、大晦日、新年という時期の初詣があります。日本の独特の宗教現象が現われているわけですね。正月の三日目か四日目になると、初詣ベストテンなどと言って、お賽銭《さいせん》や参拝者の数でベストテンを決める記事が新聞やテレビに出るわけです。毎年、たとえば明治神宮や京都の伏見稲荷がトップを争うし、仏教系ですと川崎大師（平間寺《ひらま》）とか、あるいは浅草寺、成田のお不動さん（新勝寺）が加わったりする。このベストテンのメンバーは毎年だいたい変わらない所ですが、日本人は大晦日からいわゆる「二年参り」という習慣をもってやってくる。

二年参りは江戸時代からの習慣です。つまり一日のスタートは夕方から始まるというのが以前の考え方で、大晦日の夜に神社に行ってお籠りをして明け方と同時に家に帰ってくるという二年参りの習慣が都会に流行したのでした。

お寺の方は、寺年始といって、正月、元旦にはあまりやらないのが多いのですが、浅草寺とか成田山の新勝寺など、いずれも正月に来て差しつかえないという寺がいくつかあります。これは祈禱寺といって御祈禱を中心にするお寺であり、反対に菩提寺のような死者の霊を祀って供養している寺は、死者の関係からいってそういうことを避けるわけです。四日以後は寺年始と一般に言いますが、御祈禱中心のお寺はその時点で大勢信者を集めても別に構わなかったのです。

現在ではたとえばＮＨＫテレビの紅白歌合戦が終わるとゾロゾロとみんな初詣に出

かけて行き、明治神宮に行ったついでに浅草寺にも行ってしまうようなことを平気でやりますけれども、以前は必ずしも有名なお宮にお参りに行くということではなくて、自分の育った土地の氏神様にだけ挨拶に行くというのが通例でした。

ところが、そのうちに恵方《えほう》参りといって、正月に限って幸運な方角から神がやってくるから、その年のラッキーな方角にあたる神社にお参りするのが一番望ましいという考え方が、都会の人々の感覚に合って発達してきたのです。江戸時代の『東都歳時記』を見ると、子・丑・寅・卯・辰・巳という十二支の方角に合わせて、子ならねずみをあやつる大黒様、巳だと蛇をあやつる弁天様、寅だとフーテンの寅さんでおなじみの毘沙門天というような、それぞれの神様の縁日が定められていて、正月に入ってから最初の縁日にお参りに行くと霊験あらたかである、しかも恵方の方角にそれがあるならば人々はこぞってお参りに行くという状態になった、と記されています。

田舎の方ではそんなことはなくて、自分の土地の定まった氏神様にお参りに行けば済むものなのですが、都会の人はたくさんの神仏に祈願した方が、安全が保障されるというふうに考えていた――それだけ不安の気持ちが都会の人には多かったということを示しているわけでしょう。

そういう恵方参りの発達に伴って、一斉に人々が大晦日から元旦にかけてお参りに行く。ついでに御祈禱中心の寺にもお参りに行く。川崎大師はその代表的な例で、お大師様の信仰の一つ厄払いのため厄年の人が大勢出かけるという形になっています。こういう初詣は、もともと信者でない人も、その日だけ信者になるということであり、それが外国人にはわかりかねるらしいのです。つまり、明治神宮にお参りする人には明治天皇を信仰する気持ちがあるのか、もし信仰しているならばなぜ浅草寺の観音様が同じような信仰の対象になるのか、宗教的には矛盾しているのではないか、というわけです。

ところが、大部分の日本人はそういうことを考えないのでありまして、神仏の数が多ければ多いほどそれだけプラスになるだろうと単純に考えている。江戸時代には「鰯の頭も信心から」といって、鰯の頭であっても何であっても、礼拝すればそれは人間の側のものになるという精神が発達したのです。ですから人によっては、自分のニーズによってその神や仏の性格をつくりかえてしまう。神や仏をつぎつぎと生みだしていくという能力を日本人が持っていて、そういう神々が人間の好みに合った形につくりかえられていったのだという考え方もあります。

七福神に決まるまで

その代表的事例が、正月の七福神詣です。

そもそもこれは夷《えびす》・大黒という二つの神を並べ祀るというのが出発点でありました。今でも古い民家に行きますと台所に夷様と大黒様が祀られているという情景がよくありますが、この夷にしろ大黒にしろ家の神になっているのですね。

夷様というと荒夷という言い方もあるように、遠方から来る荒々しい神様である。異郷から訪れてくる神であるから丁重に祀らなければいけない神様であるといわれます。こういう荒々しい神が初期には、海ぎわに漂流してくる、漂着神といわれておりますが、波間に揺られて浜にたどりつき、漁師たちに丁寧に祀られた。よく漂流死体が漁村で漁師の人たちに祀られて夷様となったケースもあるわけです。この七福神の中では一番日本的な神格になっているわけです。この夷様が漁村から町場の方に入ってきまして、中世の室町時代には京都を中心とした都会の中で、商家に祀られるようになり、商売繁盛の神になりました。しかしそれでも御神像を見ますと魚を持って漁師の格好をした神様に表現されているのです。

これとよく似ているのが大黒様です。これはもとは大黒天と称する仏教の守護神でして、もともとヒンズー教の神であったものが、仏教の広まりと共に仏教の天部の神として位置づけられたのです。非常に荒々しいおそろしい顔をした大黒さんとなごやかな感じの大黒さんの二とおりあります。戦争に強い、暴力に堪能な、力のある大黒様というイメージの方が強かったものが、日本に入りましたところもう一つの柔かい面の方が受けとめられて、天台宗の寺の台所を守る神様、食事その他を守ってくれる優しい神というふうに変わっているわけです。さらにもう一つ、日本の伝統的神道（の神）である大国主命《おおくにぬしのみこと》と名前が一致し、これは中世の都会の人々が考えた思想でありますが、両者が合体して民間に伝わるようになった。

そうして夷・大黒という、かなり強烈な力を持って民間の家庭の中に迎え入れられた二つの神が福の神の最初だったのですが、日本人には「二」じゃなくて「三」を好む性格があるようでして、たとえば浅草の三社様などというのも三体の神様を祀っているわけでしょう。

三社信仰のことにふれますと、浅草寺の御本尊は親指ほどの小さな観音像だという言い伝えになっています。それを東京湾のちょっと入りこんだ浅草の海辺で三人の漁師が拾い上げ、また十人の子供らがそれを守って小屋ができたというのが今の浅草寺伝法院の縁起です。そういうところから出発し、そしてその観音様を拾った三人の漁師はそのまま神となり、本堂の右手に三社権現として祀られたと浅草寺の縁起には書いてあります。これが今の三社様なのですが、どうもその三という数が強い性格を持っているようです。

夷・大黒という二神のほかに三番目に毘沙門天とか弁財天というようなものが入ってきて、三福神の形が次に取られていったようなのです。場所によっては夷・大黒をメインにして、それに毘沙門天をつけるか、あるいは弁財天をつけるかという形であったのが、たとえば京都の場合では最初は鞍馬の毘沙門さんの方が人気が高かったのですが、そののち琵琶湖の竹生島の弁天さんがのしてきて、この毘沙門さんにとってかわって祀られたというケースもあります。

ところで、夷・大黒・毘沙門天・弁財天のこの四《し》というのは数として日本人向きではないんですね。平安時代の日記を見ましても、四人がそろうというのはいやがられていたりする。

これはすぐおわかりのように、語呂あわせで〝死〟になるというわけで、今でも病院などはエレベーターに四階がなかったり、病室に四四、四二号室というのがなかったりします。四《し》(死)がつくのを極端に嫌う。そんなわけで四福神というのはダメで、この他にさらに布袋《ほてい》和尚がくっついて五福神となった。

布袋和尚は当時の禅宗寺院の方で流行していた画題の一つで、もともとは中国の民間信仰の中にあった哄笑仏という、大声を上げて呵々大笑するという図像をもった坊さんで大変人気があり、大きなおなかをして大勢の子供を引き連れて歩いているというふうに描かれておりました。

これはもう少しつきつめると、布袋様というのは弥勒《みろく》仏の生まれかわりである、弥勒仏とは五十六億七千万年ののちにこの世に現われて衆生を救済するメシヤ仏というふうにいわれていて、その生まれかわりが姿を変えて布袋となって現われているということで、幸運の入った大きな袋を肩から下げ、あちこちと歩き回っているいわゆる聖《ひじり》の姿をしたものだ、そこで布袋というのはこの世を救ってくれる菩薩であるという信仰が、沖縄あたりから入ってきました。中世は室町時代の京都で流行し、五番目に採用されて五福神となったんですね。ですから室町時代にはこれら五福神のイメージが随分とありました。

この五福神で済めばいいものを、さらに増やして七福神にもっていったんですが、六にはならないで、やはり七・五・三という形が残るけれども、五から七になっていった。

六番目と七番目に何を入れるかということで、福禄寿星という道教の神様が持ってこられた。福禄寿星というのは中国で南極星といわれている星の神様で、多分に中国的なものでありますが、これが日本の中では福禄寿と寿老人というふうに二つに分けられてしまいまして、両方とも頭の細長い格好をした老人の姿で、ちょっと判別しにくいものでもあります。以上が七福神です。

この上、さらにもう一つ増やそうと、つまり八にしようという運動が、江戸時代の文化文政の頃に起こっているんです。福助足袋というブランドにつかわれている福助という格好をした小男を、福の神に入れようという運動が大真面目に行われていた。

この福助は、当時の文献を見ると吉原の桔梗屋八太夫という芸者の置き屋さんの主人《あるじ》がモデルになっていて、一世一代で大金持ちになった男でした。福助頭《あたま》とよばれる、大変大きなさいづち頭をした小男であったという。これが大変な大金持ちになったということにあやかって、福助を神様にし、八福神にしようという運動が出てきたわけですが、結局八福神にはならないで、福助は大黒の支配下に所属する形で独立を認めないという決定がなされています。

日本人の民族性

このように日本人は数をどんどん増やしていくけれども、やはりどこかでこだわりを持つ数字があって、たとえば「八」は末広がりの八ですから本当は八福神になってもおかしくないにもかかわらず、七でとめている。そしてこの「七」という数に非常なこだわりを持っている。七というのは折り目になっている、人間の人生においても、七つで半人前になるから七つのお祝いというのは重要だとされていました。

今でもちょっとした田舎に行くと、七五三のお祝いということはやっておりません。話を聞くと、「いや、あれは町場の方で町の衆がやっている話であり、我々のところは七五三などは別にやってませんよ」という答えが返ってくる。この七五三というのも明らかに江戸時代の町中《まちなか》で生まれてきた風習で、はじめ七歳だけのお祝いであったものが、何でも七・五・三という数字を使わないと気が済まないということで、七五三になったという。

七福神も同様で、正月におじいさんやおばあさんたちが愉しげに神社仏閣めぐりをする。その初詣の一環に取り入れられて、正月の七福神詣というのは大変流行するわけです。現代の東京でも、下谷の七福神めぐりとか、日暮里の七福神めぐり、隅田川の七福神めぐりといった、いろんなコースがあって、それに観光が結びついて大勢の人が参拝するようになっているけれども、これはいずれも、江戸時代に生まれた、数が多ければいい、という発想で、日本人の宗教感情の一つであります。

ところで七福神では夷様だけは確かに日本の神の代表的なものでありますが、毘沙門天は武力の神で、弁天様は図像を見ればわかるとおり、頭上に蛇がとぐろを巻いていて琵琶を片手に持っている、それは音楽の神様だった。インドでは蛇は水の神の化身であり、川の音が琵琶に変えられており、ガンジス河のせせらぎを背景に生まれた水神だといわれております。

ところがこれが日本に入ってくると、音楽の神から才能をもつ知恵の神様として普及して（弁財の「財」の字が、もとは才能の「才」であったわけですが）、庶民の社会に入っていくうちに、才能の才の字が財産の財の字に変えられてしまい、いつしかお金もうけの神様になっていました。

これも、自分の好き勝手に創り変えてしまう、何でもかんでも自分の方に引きつけて解釈しようとする人間中心主義の日本人の特性といえましょう。

また、お百度参りといったり千度参りといったりして、質より量を強調するむきがあって、この傾向を、インターナショナルに見ると、日本人の宗教的心情はバリエーションに富んでいるといえる。つまり絶対的一神教ではない形をとっている。神々の数が多くて機能的であり、その中から自分に都合のいいものを組み合わせて信心する。それにより自分が満足していくならよい。これは何も宗教現象に限らず民族性として共通する心意であるといわれております。

ですから日本の政治や経済について考えるときにも、さらに一歩つっ込んで日本の神や仏などの精神文化を調べていくと、そこに表現されている民族性にもとづく政治活動や経済活動がどのような形をとるのか、といった形の日本研究も最近は盛んになってきています。

流行神

「鰯の頭も信心から」、ということを先程申し上げましたが、その対象になるものは本当に何でもいいのであって、中でも一番多いのが、よそから流れついてくる何かであり、それが祀られやすいといわれております。

水死人の死体が夷様になったように、江戸にあるたくさんの川に流れついた人骨などは、よそからきた不思議な存在だというので丁重にお祀りするというケースがしばしばあったようです。人骨について考えた場合、今でも南方で第二次世界大戦のときに戦死した人たちの遺骨を収集するといった運動が続けられておりますが、そういう習慣が日本にあることも、外国人たちからは不思議に思われているようです。

たとえば大韓航空機がソ連領空で撃ち落とされた際に、あの中にはいろいろな民族が乗っていたのですが、いち早く死を認めて死者の供養をしたのはアメリカ人たちでした。あっという間に死を確認して、慰霊祭をやってしまう。ところが最後の最後まで認めようとしないで合同慰霊祭を拒否していたのが、日本人ですね。韓国人も日本人より先に済ませたようでして、日本人の場合は遺体がまだ発見されないということ、遺骨が発見されていないという点に問題がありました。

青森県の漁村部では、昔から鶏が遺体を探す力を持っているというので、海難事故の場合は船をしたててその舳先に鶏を三羽置いて遺体を探したという話が聞かれています。鶏がときの声をあげて、地震や火事などの異変を知らせる鳥として人間生活の中に入り込んでいる習性を使って、遺骨を発見しようとしていたのです。

霊魂というものは骨の近くにあって一緒に漂っているに違いない、だから早く遺体なり遺骨なりを集めて、まだ浮かばれない霊を鎮めなければいけないのだという日本人の霊魂観とか他界観と関係しているのでありまして、その手がかりが何もなければ供養しても意味がないという潜在的な意識によって、遺骨収集ということが果てしなく続けられてきているのです。

江戸時代の話に戻りますと、そういうたどり着いた人骨類は直ちに丁重に祀り、その周辺に漂っている霊を慰めようとするわけです。ところが、日本においてはエクソシストがいて悪霊を鎮め除去するというパターンではなくて、霊魂を鎮めますと、逆にそれは大変人気のある神様になってはやりだす。

たどり着いた骨を放っておいたらば、近隣の村に熱病が蔓延した。原因を調べたらその骨を丁重に祀らないからその祟りで人々が病気になった、というので、あわてて行者さんや坊さんが来て霊を鎮めたらば、病気が治った。それ以後その人骨は丁重に祀られて、「お骨《こつ》様」という名前になってはやりだした、というのです。流行神というのが江戸時代には非常に多く出ております。特に十八世紀後半にこういう現象が多いということは、ちょうど現代社会と似ておりまして、いろんなアニミズムに属する様々な霊魂が、人間に憑依するんですね。

江戸の町に〝伊勢屋稲荷に犬の糞〟という口碑がありますが、それほどお稲荷さんの祠《ほこら》が多かったということは、日本の国には狐がいっぱい住んでいて、その狐が都市開発によって人間に追いやられたために、その復讐のために人々に憑依するようになる、江戸に不安な状態が数多くあったということのあらわれとして、大都会には狐が多く祀られていたというわけです。お稲荷さんの祠の裏の方にまわってごらんになるとおわかりになりますが、古いお稲荷さんには、石のゴツゴツしたかたまりが置かれてある。石のかたまりの真ん中には、「お穴」といって穴があいています。その穴は大地の底をもぐり地下を潜行して、京都の伏見稲荷の裏山のところまで続いていて、その穴を通って狐がしょっちゅう出入りをするといわれる。それぞれの地域の狐信仰を集結したコントロールタワーが伏見稲荷であるわけです。

京都の伏見稲荷の裏の、稲荷山に明け方の五時から六時ごろにかけて行ってみますと、白衣の姿をした信者たちが、次々と狐塚にお参りしています。

以前、大学院の学生であった頃、私は伏見稲荷に泊まってそういう光景を見ていたのですが、来ている人はみな普通のサラリーマンでして、中小企業の社長や重役といった人も、会社に行く前に狐に挨拶をして出かけていくわけです。だから重役の乗った黒塗りの車なんかが、神社に横づけになっていたりするんですね。

筑波大学の学生の一人が東京のお稲荷さんについての論文を卒業論文としてまとめました。東京二十三区内の、三百カ所近くのお稲荷さんの穴を発見してそれを一覧表にして提出しましたが、こういう穴捜しの論文も珍しいものでした。

穴を通して伏見稲荷に統括されているという現象は江戸時代以来の現象ですが、江戸にはそういうお稲荷さんの信仰が大変多かった。それはいずれも狐が人間に憑依して、人間にメッセージを伝えるという形式です。柳田國男は、狐は他界からのメッセンジャーであると規定しています。

今でもJR新橋駅の烏森口の方に降りて出ますと、あそこは飲み屋がいっぱいありますが、あの小路の奥へ入ったところに、突然、うす気味悪い空間があるのを御存知でしょうか。

そこは烏森稲荷といって、その昔あの辺りはカラスが集まってくる森で、お稲荷さんの狐が住んでいたのです。火事が起こっても稲荷の狐がいる場所だけは火がかからずに燃えないというので、聖域として温存されていました。今や新橋はネオン輝く繁華街でありますけれども、その烏森稲荷があるちょうど十畳敷ぐらいの空間ですが、その一角だけは現在でも手をふれられないまま、稲荷のお堂が祀られています。

祟りというのは人間が作り出した一つの精神現象ですが、自然を破壊して地域を開発していくプロセスにおいて、お稲荷さんの信仰が増えたということを考えますと、あきらかに人間の方が狐の祟りを怖れていたということをあらわしています。

ポルターガイスト

こういう見方で見ていくと、お化けとか幽霊というのはいずれも人間の想像の産物といわれているわけですけれども、人間の不安とか恐怖の感情がそれらを生み出したということになるんでしょう。

小石川の中央大学（理工学部）のある一帯は、かつて「富坂」と呼んでおりましたが、富（飛び）坂というのは、霊魂や火の玉が飛びまわる怖ろしい場所ということなのです。ちょうど坂になっていて、夜な夜な霊魂が飛びまわる場所だったという伝説のあるところです。

最近の新聞で読みましたところでは、この火の玉というものを科学的に解明するために早稲田大学の理工学部の先生が調査・研究を始めたということです。昭和二十四年に文部省が迷信調査をやりましたときに、火の玉を見た人の数を統計に取ったら約四〇％近くあったという。その四〇％の人々の大部分は、火の玉というのは青白い小さなものであるといっています。それはたとえば熱雷という、地面に起こる現象として高圧線の下に起こりやすいものだとか、我々の幼い頃は墓場が土葬であったので、雨が降ったあとに骨が地面に出てしまって青いリンの火の玉になるのだというように、科学的な説明がつくらしいのですが、どうしても説明がつかないものもある。小石川の富（飛び）坂もそうで、なにかが飛びまわる空間があったらしい。どこかを飛びまわる状況は、その場所に伴う霊魂の発現度ということと関係するのではないか、と考えられる。

『ポルターガイスト』というアメリカ映画がありますが、ポルターガイストは〝騒ぐ霊〟と翻訳されておりまして、古い屋敷とかお城の一定の空間にポルターガイスト現象がよく起こるといわれています。映画では、アメリカのコネチカット州の不動産屋が暴利を貪って、墓場であったところをコンクリートで固めて宅地にしてしまったために、その第一号で入った家の子供部屋に、あの世とこの世の境があった、という想定になっておりました。その家の四つか五つの女の子がテレビを通してもう一つ別な世界と交信をするという、アメリカ的な発想です。

夜の十一時頃、テレビの放送時間帯が終わって、アメリカの国歌が流れ、画面が突如として霜降りのような状態になったときに、あの世からのいろいろなメッセージが響いてきます。その小さな子供がテレビの中にひきずり込まれていくというシーンから始まったわけですけれども、こういうポルターガイスト現象が、実は江戸の町でも随分見られているんですね。それは、狸ばやしとか、文福茶釜などといわれて、古い道具が空中をとびまわりはじめるのは狸のせいにされています。

現在「いろは寿司」というお寿司屋さんはチェーンとなってたくさんありますが、江戸時代には上野の山を下りた黒門町あたりにありまして、そこをいろは茶屋といっていました。そしてその茶屋の一角にポルターガイスト現象が起こって、家中の茶碗や道具類が空中を飛びまわるというのをたくさんの人が体験したというふうに『甲子夜話』には書かれております。

ポルターガイストのような現象はどこでも起こるというわけでなくて、どこか決められた場所に限って起こるということなんですが、つきつめていくと、どうもそこに女性がからんでいたようなんです。アメリカ映画は小さな女の子でしたが、日本の場合はちょうど十七、八歳ぐらいの若い女性がそれにからんでいるという言い伝えが多く、女の人を通して超常現象が起こりやすかったということになっている。

この代表的な例が、江戸の近郊の農村から江戸の町場に奉公にきた女性たちでありますす。彼女がその家の若旦那に言い寄られてねんごろの仲となり、処女を失くしたときに、どうもポルターガイストが起こっているらしい。

当時の近郊農村からというと池袋出身の女性が多かったといわれており、「池袋の女」という世間話の中にもてはやされております。

小石川の伝通院から茗荷谷にかけての一角に住んでいた旗本の家の話がその一例です。当時はかわら版などに載せられて、話題になったものです。それによれば、夕方頃、その家の下女――これは問題の女性でありますが――、物音がすると言って外に出てみたけれど、そのまま逃げ帰ってきて、何かおっかない人が外に立っているという。その家の若主人が見に行くと、なんでもない。ところがその夜のうちに「石打ち」が始まって、屋根に激しい物音がして石がバラバラ落ちてきた。そのうちに天井に穴があいて泥が降ってきたり、さらにしばらくすると釜にかかっているお鍋が急に煮え立って、空中に飛び出した。また火ばちが空中を飛んだり、灰が部屋中に散乱するといった有様で、これはただ事ではないと思って家の主人が行者を呼んできて、御祈禱をしてもらうけれども全然効果がなく、やまない。三日三晩ぐらい続いてみんなホトホト手を焼いている。近所の人はその家だけ大騒ぎしているので何事だろうと見張っているけれどもどうしようもない。

この家の親戚筋に当たる老人がやってきて、お前のところに「池袋の女」はいるか、という。そして思いあたるふしは、うちの下女は実は池袋村の女だったと。ちょっと器量がいいのでつい三、四日前に家の若旦那が手をつけてしまったというようなことをその老人が確かめて、それではその女のせいだというので家の主人はやむを得ず女を実家に帰すことにした。それで、その下女が家の外に出た瞬間に、家はまた元の通りになった、という話です。みんなが大騒ぎしているときも、その女だけは自分の部屋でグーグー寝ていたといわれています。

江戸には、こういう話が類型的で、あちこちで語られています。池袋の女といったり、池尻の女といったり、沼袋の女といったり、その地名は点々としているけれども、江戸の近郊農村一帯に住んでいた若い女性が町の中に出てきて、処女を喪失した瞬間に、その現象が起こっている。

当時の江戸の学者たちは、これに対しておさき狐が原因だろうと書いております。おさき狐というのは秩父に住んでいる狐使いでありまして、秩父には狐がたくさん住んでいて、特定の家筋に関わっており、その家の女性が結婚すると一緒についていくという話になっている。それをおさき狐と称して、狐憑きの家筋というのが村の中で語られ被差別の対象になっていたのです。その憑き物筋の家の狐が江戸に出てきて、池袋の女のような現象を現したのだろう、と当時の人々は考えた。

またもう一説には、池袋村とか池尻村とかの村の氏神が、自分の村の氏子である女が都会の悪い男にへんな目にあわされた、というので怒って復讐をしたのであろう、という説明もありました。

この両方はいずれもその当時の解釈ですが、現象としては「石打ち」という、激しく石が降ってくるという現象が注目されます。これはいろいろ調べてみると人為的なところもある。つまり隠れてだれかが石を投げつけていたというようなケースもあり、その家の下女が主人や奥さんに冷たい仕打ちをうけたので、自分の彼氏や奉公人仲間にたのんで一緒に仕返しをしたのだ、ということまで当時わかっていました。

ところがそういう説明にもかかわらず、先程の火の玉と同じようにわからない部分がやっぱりあって、実際にそのようなわからない事件が生じていたということも考えられている。

ポルターガイスト現象は一定の空間に起こる超常現象なのであり、別な場所に行くとそれは一切問題にならない。

約十年程前のことです。立川市近郊の錦町のアパートの一室にやはり同じようなことが起こって、六部屋あるうちの二階の一角の六畳間だけにその現象が起こり、警官まで立ち会って大騒ぎしているんです。その部屋だけに地震がある。ドタドタとものすごい音が響いてあわてて外に出るけれども、他の部屋の人々はわれ関せず、全然そんなことはないという。いろいろ疑われるので警官を連れてきて一緒に見張らせたら、やはり同じことが起こっておまわりさんもびっくりぎょうてんして部屋を飛び出してきた。何事だろうと一時は新聞沙汰になったりした。結局いろいろな行者がきて判じ物をして調べていくと、どうもその建物の地下に古井戸があって、かつてそこで殺された女性がいてその霊魂がそういうことを起こしているんだろうという結論になったようです。

この様な話は不思議といえば不思議なんですが、大都会であればあるほど信じられやすいという傾向を持っているのです。

昭和四十年段階と五十年段階の二回にわたってこういう方面の世論調査が行われた時も、それを信じている人は、四十年代のときには老人の方が多かったけれども、五十年代になると若い人の方にそういうものに対する関心が高まってきている、という結果になりました。しかも、それは二十代の男の人よりも、高等教育を受けた若い女性の方にその傾向が強かったという。つまり若い女性が、霊というものと関わっていて、それが都会の知的な女性の方により多く現れているということで、この傾向がなぜそうなのかということを客観的に説明できかねているんです。これは江戸時代以来一貫していることですが、江戸時代に限らず、そういった超自然的な領域と若い女性とのかかわりというものは深かったという点で、これが現代社会においてもなお消えない状態で温存させられているといえましょう。

これを迷信かつ非科学的なこととして、あるいは否定することは容易なことであって、事実、科学と宗教は、対決を長いあいだ繰り返してきたわけです。けれども最近の高度文明化していく社会の様相の中で、こういう部分は完全に切り捨てられていないということがわかってきたために、ハイテクノロジーと、それと関わっている非合理的な精神の結びつきというものが、一つの問題となってきていて、逆にもう一度その点を見直そうという形にまでなってきたのです。神とか妖怪とかの、一見この日常的なこととは無縁のものと思われがちな世界が、実は我々の日常的生活意識の中に浸みついているということを確認する必要があるのではないかと思います。そしてこういう世界の現象を、私は二十―三十年来調べていますけれども、いつの時代にも消えていない。むしろ消えない方がけっこう愉しいのではないかとさえ思っています。

特に子供が妖怪の世界を大切にして、妖怪と友達になるという傾向はいつの時代にもありましたが、子供はそれだけ自然界に近い存在だから、妖怪という怪しげな物を自分の世界に引きこめるだけの能力を持っている。大人になるとそういうことはバカバカしいと思って否定しているけれども、実は心の奥深くには依然としてそういう世界の存在に対して関心を失いたくないと思っているところがあるのではなかろうか。

いろいろな形で超自然的世界と結びついていくことが必要である時代になってきたわけですが、化け物屋敷なんていうのが見世物としていつまでも続くのと同じように、我々が不思議感覚といいますか超自然的な世界に関心を持つということは、二十一世紀になってもやはり必要なので、それはいかにも人間らしい思考の表れではないかと思うようなこの頃です。

祭りのコスモロジー

ご紹介を頂きました宮田です。本日はシンポジウム「祭りの存続を考える」にまいりまして、本来こういう問題を深く考えるべき立場にありながらも、やはり見る方の楽しみに浸ってしまうものですから、ご期待に添うような話はできないんではないかという不安をもっています。日本で二番目に小さい村という愛知県北設楽郡富山村《とみやまむら》での、日本の民俗文化でも一番重要な問題を考えさせられる会に参ったことを、これからどういう形で説明したらいいのか、考え込んでいるわけです。

都市化現象と初詣

過疎化とか高齢化というように日本列島全域が、六〇年代以後の高度成長に巻き込まれてしまっている。だから我々が何としようとも、民俗文化というものは刻々と変化してゆくわけです。それに対して何とか努力をはらって、古い形を温存しなければならない、強固にそれを死守するという考え方も当然生まれてくる。ところがもう一方ではもともと変わるものであるならば、なるべく変え方にきちんと整合性をもたせながら、持続させていくことによって、一つの展望を見出そうという、こういう考え方も生まれる。文化史というものは、そういうものでして、古いものほどいいんだという考え方がある時期はありましたけれども、しかし文化というものは、常に変化するという形をとるならば、変わっていく中での、どういう変わり方をしながら古いものを再生産させていくかという、そういう立場で見ていくという見方がだんだん大勢を占めつつあります。

日本人は、だいたいいろんな文化を導入するタイプの民族性があるといわれておりまして、日本列島がそういう風土的条件にあるために、いろんなところからいろんな文化が漂着してきて、よその文化が定着していった。その度ごとに改善が行われて、そうして変化に富んだ積極的な日本文化が今海外に評価されているという、そういう位置づけがなされているわけです。日本文化全体の問題はこの富山村の社会変動に対応した御神楽《みかぐら》のあり方を見ても、その形はミニマムなものでありますけれども、同じトレースを追うことができるという感じがしたわけであります。

私はここへ今朝早く起きてまいりました。東京からの新幹線は比較的空いていたんですが、途中の豊橋からめったに乗らない飯田線に乗り、これが超満員でした。それも豊川まででありました。みんな豊川稲荷へ初詣に行くわけで、そこで降りてしまいました。後はガラガラになったんです。都市化のプロセスの中で、江戸時代以来の恵《え》方《ほう》参りと厄払いということを軸にした初詣の習慣が、日本中いたる所に、都市を中心として定着しています。ところが日本人の宗教性というのは、どちらかというと、決して他の国々と比べて高いものではないといわれ、パーセンテージも高いものではない。ところが、正月は日本人が全部神道の信者か、あるいは仏教の祈禱寺の方の信者になる。寺年始というのは四日以後行われるもの、穢れがあるから四日以後というのでありますけれど、東京の浅草寺とか川崎の平間寺《ひらまじ》（川崎大師）とか、厄払いを中心とした神社、あるいは仏閣の方では正月元旦から初詣の客を受け入れて、厄払いをさせている、そういう都市化特有の現象が起こっております。だから神社仏閣の初詣者数のベストテンなどというものが明日あたり発表されるんだと思いますが、そういうことは外国人から見ると随分変わった宗教国であるというふうに捉えられているわけです。

こういうことは、実は大都市の中に、都市の文化現象として起こってきたものです。

都市に住んでいる人間は、大地からいろんな作物をつくるという生産生活のリズムではなくてもっぱら消費生活です。初詣はそういう消費生活に依存している都市の人間がつくりだしてきた、一つの民俗文化ということになるわけです。そういう初詣のあり方をみても恵方参りというものが最初にあった。つまり、それは正月の神が訪れてくる方角に位置する神社にお参りに行くということを中心においたやり方です。これは、伝統的には陰陽道《おんみょうどう》の方術がこういう吉凶の方角を決めたわけです。それより前には正月の神というものが向こうから、こちらに訪れてきて、そうして、各家々の門松を目印に入ってくるんだという柳田國男の説明がありますけれども、そういう形でやってくる神々に出会うために、初詣に出かけて行くというのが都市のやり方です。

ところが村の初詣というと、それは地域の村の氏神様へ挨拶に行って、正月の、年の変わり目という危険な状況をこえるための加護を受ける、そういう村氏神へのお参りの仕方が行われていった、これが初詣です。ところが現在では、ほとんどが都市化されて都市のやり方になり、しかも恵方参りも方角も気にしないで、何でもいいから、たとえば、東京ですと明治神宮に行ってしまったりするという形がふつうになりました。

都市に住む人間の思考が次第に中心になっていきますと、何かおかしいことが起こるのではないかということはみんな気にしている。というのは都市の人間は、村の人間と違った生産のリズムをもっていて、それぞれの暦というものを作っている人たちであろう。明治六年以後、伝統的な日本の民俗文化はめちゃくちゃになったと言われていまして、旧暦が新暦になってしまい、現在の、正月三カ日というのは、正月のお祭りの期間のように思われてしまうけれども、もともとは旧暦の十一月のお祭りに当たっているのが、新暦の正月にぶつかってしまって混乱を招いた。そういうことは新暦を採用した後に起こってきたのでして、祭日の変更というものも、理屈抜きに自分たちの地域の生活に合った形で行うのが当たり前だというふうに考えられております。それはあきらかに生活の知恵であって、祭りはそういう形で、理屈から言えば変化しているわけですが、神を迎えるという意味においては変わっていないというふうに理解できます。

都市の思考・村の思考

こういう祭日の変化がつぎつぎと起こってきているという状況ですから、祭りの一番異《い》なる形をムリに抽出するということはあえてしなくてもよいという状態になってきております。しかし、そういう祭りのあり方全体を支えている構造が村と町とではズレているわけでしょう。都市の祭りのあり方と、村の祭りのあり方は当然一線を画するところがあってしかるべきです。その場合に都市の思考で物事が進んでいきますと、都市の人間というものは常に生活に対する一種の不安感を抱いておりますから、柳田國男の言葉を借りると、大地の生産を離れた不安というものが基調にあり、要するに、やたらに神社仏閣へお参りに行ってしまう。一つの神社ではなくていろんな神社へ行こうとする。四六時中、神祭りや仏を参りに行くというような習慣を形づくってきます。そうすると、お祭りは、自分がただ見物をすればいい、お参りをして、お札を貰って帰ればいいという形で終わってしまうような習慣がどんどん一般化していく傾向が起きている。

たとえば都市では、神と人間との交流の仕方で、神に五円玉を上げて縁をつなぎ仲良くなっていこうという一方的な人間のニーズに基づいて、神仏が機能的にいろんな変化を示す。厄払いというものも自分一身にかかった災難を払ってくれれば、それで済むという形で、神仏の個性というものをあまり気にしないで、一方的に人間の方で交流を求めていくようなやり方が大勢を占めていくようになっています。こういう生き方は、要するに、そういうことをやっている人間自身がつねに大きな不安を抱き続けているために、都市の人間ほどより信仰心が厚くなっているという統計上の結果が出ているわけでしょう。これは、日本人の国民意識の世論調査などで昭和五十年代の結果を見ますと、あの世とか神の存在とか霊魂の存在を認める傾向が、都市の人間で高等教育を受ける人ほど高くなっていることに示されます。昭和五十年代の初めは、まだ高齢者の神仏に対する依存心が強かったにもかかわらず、現在、都市の人間の中ではいかにも都市的な人間ほど、あの世とか、お化けとかの存在を信じるような傾向が出てきた。

しかも最近は、世紀末的現象という言い方をマスコミがし始めたために、それにつられて様々な新宗教が起こってくる。それが大変流行してくるといった状態、これを日本人の宗教心ということだけで一概にいうのではなく、要するに何か精神的なものが欠落したとみる。それは何だったのか。今、私たちが一つの地域社会の中のふるさとというものと、そのふるさとにおける自然の表徴である神との関わりをもう一度再確認しなければいけないという時期にさしかかっているということが、都市に住んでいる人間の側から出てきているわけです。だから、先ほどのように、研究者という形でぞろぞろと十二月から一月にかけて、私のような都会の人間がこの天竜川の上流域の富山村に集まってくるということは、一方で研究ということを言っているわけですけれども、その半分以上は今言ったふるさとの心象風景というものを確認しないと何とも今年一年はやりきれないじゃないかというような不安感にそそのかされてやってきているというわけです。

ところが、地域の伝統的な祭りとして、本来は共同体の中でそれは行われている。よそ者は入り込めない、入り込むべきではないもの、これがお祭りの本来の機能であった。村を存続させるために、祭りというものは働いている。これは当たり前のことでして、共同体の規制を与えることによって、共同体の統合を確固たるものにするのが祭りの機能であるということですから、よそ者が入り込む余地はないはずなのです。ところがそういうことになると、いささか自分の首をしめてしまうことになってしまう。

これは民俗学全体の問題ですけれども、柳田國男が民俗文化の究極は心意現象である――心意というのは土地の人にしか知ることができず、旅人である者はついにはそれを知ることはできない、だから、村の地域研究を基盤にしてそれに依存せざるを得ないと、日本民俗学の弱点を自ら明らかにしている。そういう矛盾があるわけです。しかし、村の人々がどういう形で自らを規制して、そして村というものを強化して存続させようとしているのかということを第三者が学問的に知りたいという欲望は抑え難いものがあるわけです。祭りは、要するに、地元の地域の祭りに対して深い関心を持っている人々と、よそ者であるストレンジャーの我々とが、本当は共同で客観的に捉えていくという道を作っていくことが、たとえば村おこしというものにも関わってくると思うわけです。

要するに祭りがどんなコスモロジー、世界観を抱いているのか、これはひとつの村の中の祭りがいろんな地域にも共通していて、そうして共通していたものの中から、祭りというものが持っている文化的役割、それを発見できるかどうかということが村の存続ということと、間接的ではありますけれども、不可分に結びついているのです。

不浄と排除

たとえば、先ほどいろんなお話があって、ブクの問題が例に出された。ブクというのは、死のけがれのことでありますけれども、富山村では昨年十九人とか、十六人という大量の方がそれにかかってしまったために、祭りをやることに大変な困難があったというわけです。このブクの問題は、明治五年に、政治的規制があって禁令が出され、なくなってきているはずですけれども、やはり一つの慣習として、はずせないものでもある。特に、湯立《ゆたて》神楽の場合には女性を排除して行われてきたという歴史がかなり長い間続いてきたものですから、それが一般的な常識と化して、どうしても女性をそこへ加えることができないような問題もいつまでも続いてきている。だから、女性とブクという、この問題は、一種の赤不浄を含めた不浄が対象となっている。女性排除ということが含まれてくるというわけです。特に、死穢の問題の方が、最近の問題としてはよく語られるものです。この不浄観が十五世紀から十六世紀にかけて強化され、畿内を中心として、大きな神社をとおして、民間にしだいしだいに深まっていった。しかしこれを受け入れる側の地域社会が農業に依存している村か、山の仕事に依存している村か、あるいは漁村であるかということによって、受け入れの仕方に差異があるということはよくいわれていることであります。

柳田國男が野武士文学であるといいました有名な『熊谷家伝記』の一節に次のような話があります。

十五世紀の末だと思いますが、熊谷家当主の妻で白雪という女性が、ちょうどけがれの状態であったので、月小屋に入っていた。ところが、家の主人が山の仕事へ行っている間に火災が起こった。そうして、熊谷家の持仏が焼ける寸前に、白雪が自ら忌み籠っていた月小屋からとび出して、けがれている身体であったけれども、持仏で屋敷の守護神である八幡菩薩の尊像を抱いて逃げたという一件があった。たまたま山で仕事をしていた熊谷家の当主の夢中にその持仏が現われてきて、自分は大変な危険にさらされた。しかし、お前の妻が月小屋の部屋に忌み籠っていたのに出てきて、救ってくれた。だから以後、自分は女性の不浄は一切問題にしない。けがれがあっても、持仏が祀られている前を歩いてもいいし、その祀りをうけてもいいという夢のお告げがあった、ということで主人が急遽家に戻って来てそれを事実として確認して、それ以後熊谷家とその周辺では女性の不浄については問題にしなくなったという記事があります。

『熊谷家伝記』は、富山村教育委員会の山崎一司さんが大変な努力を払って解読され、自由に読めるようになりました。私もそれを読んだときに、こうした記事はあまり取り上げられたことがなかったんですけれども、大変興味深く思いました。山村の富山村で、不浄観というのはある時期に変化していることを示していて、十五、十六世紀の間に、強く民間に流布しながら、それが地域の事情によって変化するという形をとっているというケースがあったわけです。

湯立神楽の場合は、浄化という清めはらいを強く主張する神楽でありますから、この湯立の煮立てたお湯が周囲にふりまかれることによって、周辺が浄化される。またあえてお湯でなくても、水であってもいいんでしょうが、お湯を聖なるものとみて、これを伊勢の太夫を通して伊勢に献上する伊勢系の湯立神楽だと言われております。

そういうお湯をふりまくことによって浄化するということを繰り返し繰り返し行うというときに、女性がその中に入り込むことは、けがれを倍加させるという理由によって、排除の対象となったと思われます。これと同時に、死穢というものも遺体の腐敗現象から発生した不浄が、空間にずっとこもっている。そのこもったけがれが伝染するようだから、その伝染を防がなければいけない。つまり、浄化する空間を明示することによって、神々を招くということですから、それを清浄にするためには不浄物は一切近付けさせられないということを通してきた。

先ほどのシンポジウムの中で興味深かったのは、静岡県水窪《みさくぼ》町所能《しょのう》の西浦田楽保存会の能衆の皆さんが、必ずしもけがれを問題にしないで、神事を優先させるという発想をお持ちになっている。あるいは「一夜五十日」というような考え方、一晩で五十日の穢がなくなるという恩典が実行されていた。これは、一朝一夕でそういうふうになったのではなくて、先ほどの『熊谷家伝記』にあったような一つのケースから地域が要求してそういう形になっていったんだろうと思うわけです。

たとえば四万六千日などと言えば、一日お参りすれば四万六千回お参りしたという観音様の縁日があったり、江戸時代の富士山だと富士山へ登らないで、近くの富士塚にお参りすれば、富士山にきたのと同じであるという日本人の、うまくアレンジして自分の都合に合わせて再構成していくという生活の知恵が、歴史的な過程の中に生まれている。

　だから、ブクというものについても、細かな規定を改変させるだけの精神風土というものは本来備わっている。特に死者のけがれは、お墓がもともと屋敷仏という形で、屋敷の内部にあり、家の近くにおいていたお墓が多かったのが、不浄観が強調されて、寺院の方に一括させられていくようなケースが江戸時代以降多くなったわけですから、そういう死穢の観念というものに対する考え方もそれはいくらでも変更できる可能性があるということになります。

　これは祭りの清浄化が十四―十六世紀ぐらいの畿内の都会人の意識の中で強く主張されて、京都周辺の方にそれが及んでいったのが、徐々に他地域に浸透していったというケースですから、これを逆に地域の方に拠点をおけば、中央でやっていたことはいくらでも変化させることはできるわけです。先ほどの西浦の能衆の皆さんの発想というものは、そういう意味では大変革新的な考え方であったのではないかと思います。ただ、そのけがれとか不浄が長く浸みついておりますと、それをやって、かえってそういうけがれがなくならなかったために、不幸が起こったというふうに言われてくる場合がよくある。門松などがそうでして、門松は立てなくてもいいというように言われながら復活してきて決してなくならない習俗の一つです。

以前、日系人、移民した人々の民俗調査をカナダで行いました。ふるさとに対する見方、考え方をいろんなアンケートで調べたときの例ですけれど、村を離れて百年経つと、渡ったときは村人会という、同じ村の出身の者だけで少人数で集まった会合をもっていたけれども、百年も経ちますと、それは県人会に合同されてしまい、熊本県人会とか、愛知県人会とかそういう形で日系の民俗文化の会になっているわけです。そういう中で、自分の村ということの主張はできないけれども、ひとつの熊本県なら熊本県というまとまりで、何かやらなくちゃいけないといつも考えている。それは一世につよく二世、三世、四世とだんだん弱まるんですが、今は三世か四世の時期にかかっている。

そういう人々が英語をしゃべりながらでもなんとかして民俗文化を続けて行きたいと思っているのは、正月の門松と初詣です。初詣は神社がないのでお寺さんへ、仏教会が普及されておりますからお寺にお参りに行きますけれども、門松だけは何としても立てなくてはいけない。西洋文化圏ですから、クリスマスもちゃんとやる。クリスマスツリーを作る。しかし同時に、門松を用意して、元旦に家の前に立てる。これは理屈をぬきにして、その一年間、病気になったり不幸が起こったりすると門松を立てなかったせいだと、老人に言われるのがイヤでそれで立てているんだという言い方をしておりました。これは民俗文化が伝承されていくときに、どうしてもはずせないものとして最後に残ってくるものなのです。

日系人というのは、すでにふるさとを離れて、異郷の地で自らの生活文化を作っていった人々ですから、日本という母国、祖国であったもののイメージの中に、何を残さなければいけなかったのかという、その結果が百年後に出はじめている。だから、それは日本列島そのものの中で、今我々がここで問題にしているようなことが、何年か先、日系人の文化がたどるのと同じような歩調をとる可能性があると考えます。正月の祭り、それからお盆というもの、それからお墓の問題、この三つだけは、日系移民がいかに長い間日本を離れていようとも、消え失せないであろうと、日系の人たちは語っていた。英語をしゃべりながらでもお経は読むし、日本の正月を再現しようという意識で門松を立てるというような言い方をしていたわけです。

生まれ清まり

私たちが現在対応しております過疎化というような状況、若者たちがつぎつぎと去って行き、村を支えている秩序が、かつての農業地域に通用していた農耕暦そのものがほとんど意味をなさなくなってしまい、農耕祭にともなう神事が文化財の保存の対象になるという始末です。だから、本来の祭りは生業暦に結びついて行われるものが基本で、それが季節祭的な傾向をとるのが普通です。

たとえば今、我々が霜月祭りと考えている、旧十一月の祭りというのは明らかに、初穂を供えた後、これを新穀として新嘗《にいなめ》する（新穀を食する）ための収穫祭に関わっているものです。しかし、それは稲だけではなくて、五穀にそれぞれあるわけで、稲の神饌というもの、神饌としての稲のサイクルに多くが合わされているけれども、個々の作物の作り方の暦によっては、それぞれ農耕祭のあり方は違っているわけです。そして圧倒的に多いのは新嘗を中心とした十一月の祭りでした。しかし、これは季節祭というふうには言いにくい。

たとえばヨーロッパの歳時記などを見ると、冬至と春分に合わせた盛大なお祭りがある。クリスマスの降誕祭、キリストの降誕するお祭りはあきらかに冬至のお祭りですし、弱った太陽をもう一度再現させる行事です。そのキリストが死んで復活してくるという復活祭（イースター）が三月二十日前後にある。

そういう冬至と春分を合わせたような行事というよりも、今、行われておりますのは、季節祭的なものよりもむしろ農耕祭的なものを西洋暦に合わせたお祭りとして日本の代表的な祭りになっている。この祭りの基本的な特徴が浄化にあったということもあきらかで、この浄化とは清めるということである。富山村の御神楽祭りの中で、「生まれ清まり」の行為が指摘されておりましたが、いずれにせよ、折り目にあたって、新しく生まれてきて、神の保護をうけて神の氏子になる。これは生まれ清まりという形ですが、これをよく残していた花祭りの「白山《しらやま》」という神事が安政年間になくなったと言われております。

神楽行事そのものが四つのお祭りを一度にドラマ化している。これは一つの壮大な演劇性のある行事であったろう。人間がだんだん生まれ清まっていき、最終的には神の氏子となる。非常に象徴性に満ちた行事が、農耕祭の中に含まれることによって、新しい稲魂の再生にもつながるし、人間自身が生まれ変わってくるという考え方にもつながる。こういう考え方が民俗学では出されているわけであります。この生まれ清まりの儀式が個人的な心願にもなっているわけです。

共同体そのものが再生するということを基本にして構成された一つのドラマがあるとするならば、現在、富山村で今年やるかもしれないといわれております生まれ清まりの儀式そのものは、個人的な心願によるものが多く入り込んできているわけです。これは都市化といって差支えないわけですが、個人のけがれとか不幸を、願をかけることによってはらっていくという厄払いの考え方が入ることで、生まれ清まりというものはそれなりの意味を持つというわけです。これは一つの変形として、十分伝えていく必要性があるわけです。個人が再生するということでありますが、同時に村人が生まれ清まっていくという形になるのでしょう。

かつて村々には指導者というものがいて、それが、ひとつの小さな王国を形成したというふうに考えるとすると、その村の王に当たるものが再生することによって、生まれ清まりが果たされて村全体が甦っていくという理屈があった。これが、現在の行政でいいますと村長がそうであるわけですが、村を支配していた宗教的な権力であった。これは、おそらく花太夫であったろうし、能衆、別当であったであろうし、そうしたむしろ宗教的な権威の強い者が、村の代表として生まれ清まりという儀式を受けることによって、村全体が再生していくという構図をもっていたのです。これは村の王が一身にけがれを滞留させ、積み重ねていって、そうしてそれを一切を排除してしまうということであります。だから、村の者が全員集まって、そうして自分たちの代行者である太夫なり別当が自ら生まれ清まる姿を見ることによって、村全体が宗教的な効果を得ている、ということがこれから迫ってくる苦難、危難を克服しようとする生き方に関係してきたはずであります。これが今まで我々がいろいろ見学させていただいている祭りには温存されています。このことが大変重要なのです。けがれというものは誰もが意識しており、それをはらっていくという、はらいの方法が祭りのあり方でそれぞれ違っているわけです。ここの御神楽祭りを始めとして、霜月祭りや花祭り、西浦の田楽、それぞれそういう再生の装置というものを備えた素晴らしいコスモロジーを持っている。比較研究の立場の中でそれをいうことができるわけです。先行研究の中では、こういう捉え方を早川孝太郎や折口信夫はしたわけですが、柳田國男は中世の末期に伊勢御師《おんし》や修験者たちの集団が村々に定着して、異人として村に再生の契機を与える儀礼を残していったという発想で歴史的に捉えていた。そういう研究の立場上の違いが折口学派と柳田学派の間にはあるようですが、両方を合体して考えるべき問題が現在は生まれているのです。

変えてはならない部分

先ほど申し上げたとおり異人であります私たち、外来者がよそからドヤドヤと入り込んで、一種の祭りが風流化したような状況、あるいはショー化、見世物化しているケースがどの地域社会にも生じてきております。

昨年の十二月に私は長野県の更埴《こうしょく》市の氏神で行われている古い頭屋行事を見学に行

きましたけれども、ここは厳密に村人の間で選ばれたものが頭屋になっています。頭屋となるということは神になるということであり、神になる儀式を毎年一度ずつやる。山車が、頭家の家から神社に行くまでの長い行列の中に、だんだん俗的な世界から聖なる世界へ入っていくプロセスがあるわけです。そのときにたくさんのお供の山車もついて行く。昔はわざわざ神輿に頭人を乗せて行ったわけですが、現在ではオートバイに乗せて、たくさんのアトラクションの楽隊を乗っけたり、あるいは引き出物の蜜柑とかお菓子を供えて、あちこちばらまきながら行列が進んで行く。

オートバイのようなものを使うようになっても、人が神になるという基本的な部分だけはどうしても変えてない。そこだけはきちんと守っている。そういういき方があります。全体は風流化し、第三者が見るとみっともないものではありますけれども、その地域の人々にとっては、肝心なのはそういう当たり前の人間が年に一度神になる、その神になった人に会いに行って、一年間よろしくと挨拶するところに唯一の目標を持っている。そこの部分が失われておりませんから、この行事はなおも温存されていくという構造を持っています。

変えてもいい部分があって、変えてはならないものが一方にはある。その部分をきちんと学問的に次の世代に伝える必要がある、ということが村おこしというものに連なっていく。つまり、祭りというものはなくてはならないものであり、これはいかなる民族であろうとも、祭りを失ったならば人間ではなくなってしまうでしょう。自分で生活のリズムを作っていく上でどうしても祭りがなくては生きていかれない、そういうものである。だから遊びであれ余興であれ、生活リズムとして生かしていくならば存続は可能になっていくものである。しかし、先ほど申し上げましたように肝心かなめなところを変えたならば祭りではなくなってしまう。要するに変えてはならない部分と変えてもいい部分があるんだという基準をきちんと村の人とよその研究者とがタイアップして、はっきりさせなくてはならないのです。

そうすると、そういうものが本来、人間の地域社会にある文化装置であり、しかもその村が再生するための装置であるから、それを生かすことによって新しい展望は開ける。そのためには拠点が必要になってきます。どういう拠点かというと、日本は江戸時代以来、官僚国家であり、非常にすぐれた組織が発達している。文化財保存におきましても、行政の方が民俗学者が問題にする前に先手先手でやるものですから、緊急調査というラフな調査が行われてしまいました。しかし、行政側は緊急調査をやることによって刺激を地域に与え、あるいは文化財保存というようなことで先手をうって活気を与えるというような手をうとうとする。そういう官僚機構の中の行政の措置といったものもこういう時期には必要なのでしょう。

確かに文化国家として国際基準に達している国としては、たとえば富山村の御神楽祭りがなくなったなどということになればみっともない話になるわけです。それをなくさないということは、行政的な措置がある程度必要になってきますが、それには単に金を出せばいいだけでなく、一つの文化運動として、たとえばそこに研究センターが生まれてこなければいけない。研究センターとか、郷土博物館とかいろんな形があると思うんですが、そこではじめて、今後のいろんな課題が解決されてくるのではないでしょうか。

老人と女と子供

古いモチーフを生かした祭りと、それから祭日が変化したり、社会制度が変化した結果生まれてきた祭りと、今後どういう祭りになっていくかということを伝承的にとらえていく。つまり富山村でもやっていますが、中学生が一番いいと思われますが、そういう若い人の中に伝えていく、また、おじいさんが孫に伝えていく、ごく基本的なやり方もそれです。そのことを課するような形のカリキュラムが初・中等教育の中にとり入れられていく必要があるでしょう。地域の小・中学校の先生がたが、その場合いかに重要かということを示す。社会科教育の一環であるともいわれますけれども、それがきちんと制度化されていく必要がある。伝承の仕方というものが女性を含め、つまり、老人と女と子供という、おそらく二十一世紀の文化の担い手であるこれらの人々が中心になることによって、新しい変化した文化であっても、その変えてはいけない部分を残して変えていくという形のものを学問的にきちんと整理しておく必要があると思います。

私自身はこれまでたくさん花祭りを見たり、富山村の御神楽祭りを見たわけではないんですけれども、これが存在するということは一方に大都会の初詣や門松迎えがあったりすることと同じように、村の祭りとしてはなくなるべきものではないと確信しているのです。このお祭りが存続すれば、同時に、村おこしも付随していくのではないか。経済に依存するだけでは人間の精神文化というのは決してプラスにはならないという従来の文化のあり方を考えれば、あきらかなことであると思うわけです。

しかし、そうはいうものの、こうした威勢のいいことはよそ者の言うことでありまして、現実には村の中に切実にある様々な問題、先ほどありました若者をひきつける、後継者の育成というようなことが一体何かということもあるでしょう。これはやはり、先ほど言ったこの御神楽祭りのもっているような生まれ清まりという文化装置、これをもう一度洗い直して再構成してみて、そういうものが人間にとってどれほど必要なのか、これを知らずして村から都会へ出てしまうと、結局、根無し草となって、みじめな都会の、都市人間になってしまう。だけど、生まれ清まりということの意義がこの村にあるということを知っていて、そうして村に戻れるということでそれを再生できるという理解があれば、これはふるさととして永遠につづくものである。

やがてはよそ者も、その中に入れてもらって、生まれ清まりの儀式に参加させてもらえるような形になりますと、日本列島全体が精神的に再生していくのではないか。実はそういうようなことを、先ほどのシンポジウムでのいろんなお話を伺いながら感じました。この富山村は山崎さんという、積極的な地域文化のあり方を主張する図抜けた方がおられまして、突出した形で先手先手をうつ方針をとられているようであります。これがひとつのモデルケースになっていくとするならば、我々は邪魔者にならないようにしながら、こういう運動に協力させて頂ければ幸いだと思うわけであります。

Ⅲ　女・子供・老人

女の霊力

現代社会と妖怪

私は、小さいころからお化けが大好きで、民俗学という学問を選びましたのも、この学問を開きました柳田國男が昭和の初年に書きました『妖怪談義』という本を読んだのがきっかけの一つでした。この書物を見たときに感動しましたのは、お化けとか恐ろしいものとかは、何でもなく我々が見過ごしているようなことであるけれども、それを今のうちに記録に集めておかないと、五十年、百年たった後、日本人が、一体何を恐れていたのかという基本的な感情がわからなくなってしまうと言っていたことでした。

日本列島は今や都市化の波におおわれていまして、民俗文化そのものが消滅の危機にさらされていると言われておりますけれども、柳田が昭和の初期に、お化けのことをわざわざ調べなくてはいけないということを痛切に訴えたということは、日本の文化の将来の問題と関わらなければいけない大きな問題提起だったのではないかと、私は今でも思っております。そんなことで私は、妖怪やお化けのことを日ごろ好きだったこともありまして、いろんな資料を見たり、あるいはあちこち調査をしたときにもそういう話を伺って来たわけです。

ところで日本のお化けの特徴として、特に女のお化けが大変多いということがあげられます。これは日本の民俗文化と女性の関わりを示す端的な例になると思いますけれども、とにかく、女のお化けが多く、狐憑きとか、狐が人間に化けた「狐女房」とか、そういうたぐいがあって、またそういう超自然的な霊が、日本の場合は女性にとかく憑きやすいというような傾向があるように思うわけです。

つい最近、私は直接調べたわけではないんですけれども、『週刊新潮』昭和五十九年五月三十一日号に交通事故の話が載せられているんです。これは、その年の五月十五日、午前七時二十五分に、静岡市の産女《うぶめ》という場所で起こった事件でした。週刊誌を電車の中で読んでいて、ひょっと「産女」という地名に関心を持ったんですね。この産女というのは、静岡市の町の名前になっているんですが、産女にある三つ辻、そこは県道でありますが、中年の女性が運転する乗用車が、たまたま道路の右側の歩道児童を集団で歩いていた南藁科小学校の児童、約二十人の列に後ろから突っ込んで、児童十数人をはね飛ばして、車は道路の右側にぶつかったというんです。

これは当時三面記事で話題になったと思います。なぜ、週刊誌の話題になっているのかといいますと、運転していた五十五歳の女性が、午前七時二十五分という時間帯に、車を大勢の児童たちの中に突っ込んだ。そして大勢けがをさせたということなんですが、その記事によれば、運転していた女性は現場検証で大変申しわけないと言いながら、なぜ自分がそんなになってしまったか覚えがない、しかし、確かに言えることは、道路の左側に妙なおばあさんが立っていて、そのおばあさんを避けようとしたら、その瞬間、ちょうどエレベーターに乗っているときのように、スーッとなって、意識が薄れてしまい、子供たちの姿は全然見えなかった、ハッと気がついたら、自分ははだしで田んぼの中に立っていたと言っているのです。警察は少なくとも、突然車の前に何かが飛び出したとか、ハンドルに異常が起きていたという事態ではなかったと、ただ過失による事故であったということは間違いないと言ってます。また、現場が、直線をゆるやかに左のカーブに曲っていくところであり、車は四〇キロ前後で走っていて、それがどういうわけか、反対車線に入り込み、歩道に乗り上げて突っ走り、ブレーキを踏んだ跡がないとも言っています。現場に駆けつけた署員の話では、運転をしていた女性は、かなり興奮状態であり、全然覚えがないと言っており、原因がよくわからないが、前方不注意としか考えられない、といったことが書いてあるんですね。

またその女性は、特に精神的な問題があったとか、病気による発作とも考えられないとも書いてあります。ただ注目すべきことは、その本人が、その三つ辻に妙なおばあさんが立っていた、そのおばあさんを避けようとして、とたんに意識を失ったという言い方なんです。その事故を目撃した小学生は、あの車が前を走っていたオートバイを追い越そうとして右へ寄っていったというふうに言っています。ところが、彼女は、オートバイのことは全然記憶にないと言っています。それから、この記事から見ると、さらになぞはなぞを呼び、これが一つの民俗学の資料になってくるのでありますが、それは、この静岡市の産女という地名が、気になったからです。

この産女は、藁科川の下流の右岸に位置しておりました。産女新田と呼ばれています。江戸時代には、二十八万六斗九升三合三勺の土地でありまして、なぜ産女という地名がついたかといういわれについては、昔、牧野藤兵衛という者の妻が、妊娠中にこの土地で死んだために、この霊魂が夜な夜な徘徊するということで、産女神として神に祀った。それ以後ここは産女という地名になったというのです。牧野藤兵衛という者は、旅の漂泊者であり、この土地に定着した後、その妻が難産で死んでしまった。それで、その死んだ妻の霊が何度も何度もこの世に現れて祟るので、村人たちがその怨念を鎮めるために、神として祀ったのであると、そういう縁起になっているんです。現在この産女には、産女明神という名称で社殿が設けられまして、そこに子安観音が安置されています。近くの人々が、妊娠のときは子安観音にお祈りすると難産をまぬがれるというふうに言っています。産女安産の神様になっているわけです。

民俗資料で説かれているほかの地域の資料から見ますと、産女という妖怪は、辻を通ってこの世に現れてくるといいます。つまり、橋のたもとであるとか、四辻であるとか、三辻とか、道が交錯するような場所に、明け方の大体六時から七時ぐらいの間、あるいは夕暮れの六時から七時ぐらいの間に出現してくるというふうになっておりま す。ところでこの運転中の女性がたまたま、その辻に不思議な現象を見たために、子供の列に突っ込んだという話も、これをフォークロアとして考えるならば、妖怪産女が現代の社会に、不思議な感覚を持って甦っているとも考えられるわけです。そんな馬鹿なことを平気で言う方がおかしいという考えもあるでしょうけれども、私は、こういう妖怪とか化け物とか不思議なものは、我々の合理的な解釈を超えるところに現れてくる現象であり、これは文明が発達し、高度な科学技術が進んだ社会においても、人間そのものが持っている深層意識の中に、神とか妖怪という超自然的なものを常に想定する精神構造があると考えているわけです。

血の不浄視

偶然この静岡市の産女ということを通してお話ししたのですけれども、ここで注目されることは、産女という出産の途中で亡くなった女性の霊魂を人々が大変恐れていたということです。この産女というのは、日本の代表的な妖怪の一つであります。難産、あるいは難産でなくても、何かの事故で妊娠中に死んでしまった女性は、お腹の中に胎児を抱えているという形で亡くなった、異常な死に方をした女性になるわけです。したがって、そういう不慮の死をとげた女性の霊魂を成仏させるためには何らかの措置を施さなければならないとされておりまして、特に流灌頂《ながれかんじょう》という言い方で、亡くなった女性の霊を鎮めようという、呪《まじな》いが行われているわけです。

静岡県の例で申しますと、『遠江積志村民俗誌』という静岡県の古い民俗誌があります。そこの一節に、妊婦のままで亡くなった女性をどう処理したかということについての報告がある。そこには、こう書いてあります。

――今ではこうした風習はないけれども、妊婦が死ぬと、四辻とか道端の脇に、一尺ほどの棚をつくり、白い位牌を立て、つまり字が書いていない位牌を立て、桶をつるして、手向けの水まで用意しておいた。これはこのような婦人が死ぬと、地獄へ行って血の池に投げ込まれて、浮かぶことができないからだという。百二十日の間、道行く人に水を手向けてもらうと成仏できるというのです。「わしがこの身で死んだら、殿さ、洗いざらしを百二十日、また、洗いざらしを百二十日、立ててあげます、道筋へ」という歌がある。通りがかりの人たちは、みんな手向けてやったものでした。現在ではもう見つからないけれど、山の中を通ると、思いがけなくこの白い位牌を見ると、ものすごいほど寂しいものだと思う、というふうに書いてあります。

静岡では、これを「洗いざらし」と呼んでいたのでありまして、川のほとりに棚をつくって、そこに白い位牌を立てた。ほかの地域では、白いさらしを置いて、それに梵字で念仏の字を書いたり、あるいは赤い布をそこへ置いておいて、水を何回も何回もかけていき、やがてその赤色が消えるまで続けるという言い方をしているわけであります。

これについては、それをやらないと、死霊が成仏しないという説明がされており、中世の室町時代に中国から伝わりました血盆経に基づいています。女性が妊娠中に亡くなる場合、大量出血する。そのために流れ出た血が、大地の神々をけがし、また、その流れ出た血が川の中に入り、その川の下流の方でその水を汲んだ者が、修行しているお坊さんにそれを捧げると、お坊さんがそのけがれた水を飲むことになる、あるいはお茶をわかしたりすると、そのお茶を飲むことになり、これは大変な罪である。よってこの女性は、血の池地獄に落ちるであろうと、血盆経の中で説かれていまして、難産のときには、血盆経の文字を切り取って、お湯の中につけて飲めば、難産が防げるというような呪術にまで発展して広がっていったのです。密教の系統には、灌頂法がありまして、水を注いで悪しきものをはらい去るという行事でありますが、これにこの血の池地獄という発想や出産に伴う血のけがれを洗い流すという考えに結びついて、流灌頂といった呪術が民間の中に広がったとされています。

仏教がそういう説き方をしましたけれども、一方では、女性が妊娠中に亡くなることが、かつてはしばしばあったということを示しているのです。血の池地獄に落ちるという説明は仏教の方でしましたけれど、血に対する恐怖、これを血穢と言いますが、これが強かったということを物語っている。血のけがれというのは、死に関わっているのです。人間が死ぬと、死体が腐っていくという過程を、人類は恐怖をもって見たわけですが、血を大量に出すと人は死ぬというふうな認識が一般化して、血が大量に流れると恐怖感を伴ってくることになり、妊娠中の死が異常な死であり、特に大量な出血があったことを恐れたことを示しているわけであります。

この亡くなった女性が、実は生命をもう一つ胎児として持っていたわけで、妖怪産女という形をとってこの世に戻ってきて、亡くした子供をもう一度この世に返そうという、そういう働きをしたのがこの産女だったとも考えられています。妖怪変化の形をとって恐れられているけれども、母親が、命を失ったと思われている赤ん坊を満身の力を込めてこの世に戻そうとして出現したのが妖怪産女であり、人々はこれも恐怖をもって迎えると同時に、この霊魂を鎮めなければいけないと考えたのです。全国的に産女の現象が非常に多いということは、かつてそういう妊娠中の死というものがしばしばあったことを物語るのです。

女性民俗の中には血穢に関わるものがもう一つあり、これは女性の生理であります。この生理についても、一カ月の間の約七日間の時間帯は、男には経験できない時間であるということで、各地にいろんな言い伝えがなされています。

静岡県の民俗学の貴重な資料を集めております『土のいろ』という雑誌がありますが、その中に、この女性の生理のときにどうしたのかという、あるいはお産のときにどうしたのかという多くの資料が収められています。静岡県では、コヤと言って、道の辻の空き地にそういう建物が以前はあったといいます。あるいは家の裏の方に、コヤに類する建物があったと書かれてます。

昭和の初めのころでありますけれども、月水にかかった女性は、そのコヤに入って、他の人々と火を別にしたといいます。今のおばあさんの年代の方は、コヤという言葉を覚えておられまして、月の生理のときをそのまま「コヤ」と言っているようでありますます。「コヤのときには、小屋の中に入り、お別火の生活をした」、つまり火を別にする生活をしていたということを話してくれました。そのときに、小屋の桶を一緒に持っていって、そしてそこで洗い物をする。その小屋で使った火は、日常使う火ではないかまどで煮炊きをするわけですが、そのときに使った灰を集めて、道の四辻に埋めたというふうに言っております。つまり、一カ月のうちで七日間、一年間を通して約八十四日間も、女性は日常的でない生活をしていたわけです。これは日本だけの問題ではありませんけれども、女性の生活史を考える上には欠くことのできない民俗的事実であり、男性とは違った生活感覚が、そういう中から生まれてきたんだろうという予想も成り立つわけであります。別な地域では、これを夕ヤと言ったりいたしますけれども、静岡県ではコヤという言い方が普及していたということがいろんな資料からうかがうことができるわけです。

生理は出産とは別ですが、妊婦たちは、出産が間近になると、生理の人も出産の人も一緒に小屋や他屋に入っていくというケースがだんだん増えてきますし、もう両者を特に区別しなくなっているようです。伊豆諸島の方へ行きますと、よごれ屋という言葉で言い、それをきたならしいという感覚でとらえていた小屋が、現在でも残っているところがあります。概して海際の地域に、そういう別棟の小屋を建てるという習慣があったと言われています。

つまり出産とか生理とかいう、女性に独自の条件があって、生理そのものは血穢という、血のけがれであると考えて、不浄視するのです。日本の歴史の中では、このような不浄視が中世の段階からだんだん強くなってきたと言われているわけです。しかし、古代の延喜式などを見ますと、むしろ生理休暇として仕事を休むという言い方をとっていまして、不浄というふうに考えていません。それが、だんだん不浄視されてきたのは、古代末、都に住んでいた人々の感覚によるものではないかと思われます。それは神社を中心とした不浄観ですね。それからお寺の方では血盆経の知識が、神仏習合でだんだん一体化しまして、民間の方に伝わっていったんだろうと言われているのであります。

ですからこういう不浄観は、一つの文化が伝播してきて、しかも上流の知識人の階層が、日常的習慣としていたものを、そのまま民間に下向させていったもので、本来ごく普通の庶民の中には、けがれというものを、これほどまで強調はしていなかったんであろうと思われます。しかも、特に血を恐れるというのは、山間部の人々よりも、平地に住んでいる水田稲作、農耕民の方の人々の感覚であり、それからまた、海の漁師たちの生活感覚の中にもそれが強かったのに対し、山の中の人々は、あまり血を恐れなかったんだろうと考えられます。これは狩猟に携わる山間部の人々は、動物の血というものを絶えず目前で見ていることもあって血を恐れていますと生活ができないということもあったのでしょう。

こういう生活意識の中にある不浄観、血穢という問題は、民俗資料としては、先ほど言ったようなコヤとか、あるいは出産に絡まる問題として伝わってきているものですが、こういう意識は日本の社会の中に、特に日本列島の中央から東日本の一部、それから西日本の沿岸部などに強く残っていました。血のけがれというものを問題にしない地域も以前はかなりあったに違いないけれども、中央の畿内でいろいろ考えられていた意識が、次第に地域に広がっていったと考えられます。

洗濯女の存在

しかし、一方では、女性の出産とか生理というものは、原始的な思考の中においても、体内からは、排泄物として血を見た場合に、それは不気味に見えるわけです。これは日本だけの問題ではありません。どの地域にも人類に共通の文化現象として、血というものに対して恐怖感はあるのですが、それを国柄によって非常に強く感じている民族と、それほど強く感じない民族とがあります。日本はそれを強く感じている、感受性の鋭い民族性であったということが考えられるのですが、たとえば最近翻訳されましたフランスの民俗学の書物で、イヴォンヌ・ヴェルディエという民俗学者が書いた『女のフィジオロジー』(新評論)に、フランス農村の洗濯女についての話が紹介されていました。

洗濯女は、ちょうど日本でいう取り上げ婆さんとかお産婆さんに相当するものでありまして、フランスの場合には洗濯に焦点が置かれています。洗濯というのは何かというと、二つあるという。一つは生まれてきた赤ん坊を取り上げて、きれいに洗って衣類を着せてあげること。お産婆さんの役割をしている。もう一つは、人が死んだときの湯灌をしてあげる役割である。これは死体をきれいに洗い清めて、着物を着せてやるという役割を果たしている。洗濯女の存在は、どの村にも必ず一人ずつはいて、そうして代々母親の模倣をして、職業を女性が引き継いでいくということになっていたというわけです。

日本の伝統社会においては、洗濯女と言わず、子取り婆さんという名称の方が強くて、出産のときのみに立ち会って、湯灌の方には、こういうお産婆さんはいません。現在は産婦人科で一切処理されますが、出産のときに立ち会う子取り婆さんとかお産婆さんは、ひと昔前の村の中での位置づけというものは大変重要であったわけです。生まれた子供をきれいに洗い清めてあげたお産婆さんと子供の関係は、一生涯の間続いていくと言われているのです。こういう取り上げ婆さんあるいは子取り婆さんといわれる女性の役割は、生まれた直後の赤ん坊は血まみれになって出てくるわけですから、ヘソの緒を切ってやり、きれいに洗い清める。その洗い清めるところが重要でありまして、百回もたらいで洗うことが必要であるという地域もあるわけでして、血穢を意識しますと、何度も何度も洗わなくちゃいけないというように考えられていたようです。

洗濯女の存在については、野本寛一氏が『庶民列伝』（静岡県出版文化会）の中で、磐田郡の水窪《みさくぼ》町の取り上げ婆さんの生活の記録をまとめています。このお婆さんは、水窪町の西浦に生まれて、二十一歳のときにお嫁入りいたします。山小屋に勤めておりまして、山の仕事をしていた。ご主人は木樵をしていた。すゞさんという名前なんですが、彼女は、ここでカシキとして働いていた。これは炊事担当者のことをいうわけですが、彼女は代々、取り上げ婆さんの家の娘でありました。実母のしめさんは六十三歳で亡くなりましたが、彼女は取り上げ婆さんであり、母親は亡くなるときに、遺言を残しました。「子供を産ませるということは人助けである、だからお前も私の言葉を守って取り上げ婆さんになってくれ」といって亡くなったというのです。

そこで、すずさんは二十四歳のときから、お産婆さんを始めた。昭和三十五年にやめましたけれど、それまで百人以上の子供を取り上げたという大変な名人であったといいます。雨が降ろうが、雪が降ろうが、夜半であろうが、どこへでも行って、そのお産の予定日をあらかじめ決めていて、それが見事にあたる。一度も失敗したことはなかったといいます。村の人々の評判も大変よくて、お医者さんですら、あのお婆さんに見てもらえと言ったという話であり、すずさんが来てお腹をさすると、妊婦は不思議に安心した気持ちになるという聞き書も載せられております。

ところでこのすずさんは、いつも竹でつくった熊の手を大切に持っていたといいます。熊のお産が軽いからだというんですね。この熊の手を持ってお腹をなでてお祈りする。そのとき「アブラウンケンスワカ、アブラウンケンスワカ、アブラウンケンスワカ」と文句を三度唱えました。これは真言《しんごん》で、それによって悪霊をはらおうということなんですが、こうした呪いだけという問題ではなかった。むしろこの女性が本来持っていた鋭い勘によっており、一種の霊感によって適切な処理がなされていたというのです。

お産の仕方というものは、第三者から見ると、かなりあやしげな呪術的な方法というふうに見えるかもしれませんけれども、山奥の村の中で、経験的な事実に裏付けられた出産の技術を持っている女性がいて、こういう女性が赤ん坊を取り上げて、この世に生命を与えるということが長い間続いていたわけであります。これはフランスの農村においても同様で、洗濯女の名称で呼ばれておりましたけれども、日本の村の中にもやはり、こうした取り上げ婆さんという職能を持った女性が健在であったことを示しているわけであります。

女の霊力

こういう女性が存在して、子供を取り上げるということなんですが、男性優位の社会は大変な矛盾を犯していることにお気づきだと思います。つまり、生命を与える、この世に引き出すという役割を持っているのも女性で、特に子供を産む女性は生理がなければ産めないわけであり、家の永続を願う男性中心の社会であれば、子供を産まなければ家が継続されない。ところが、それを産む女性は、生理かあるいは出産のときには、隔離されて小屋の一角に閉じ込められてしまい、日常生活から断絶させられてしまう。特に子供が生まれるという条件が可能になる初潮を見たときに、一方では成人式であり、一人前の女になったというお祝いをするんですが、すると同時に、直ちに別棟の小屋に入れられてしまうという形になるわけですね。こういう判断は、男の側の論理によることは、間違いない。不浄であると考えた知識をそのまま鵜呑みにして、出産の最中の女性には一切近づかないというような考え方を常識の中に持ってしまっている。ところが、子供は、不浄とみる生理がなければ産めないのであり、当然生理は歓迎すべき事実なのです。

こういう問題を、つまり女性民俗という形でとらえてきた場合に、もう一つ興味深いのは、つまり女の人が血穢、つまり血のよごれというものを生得的に持っているということは、子供を産むという能力を持っているということになります。子供を産む女性は家の嫁であるわけですが、嫁についての言い伝えが、各地にたくさん語られています。

静岡県榛原郡川根町の方で民俗調査に筑波大学の学生諸君と入ったんですが、そこに、嫁田の伝説がありました。嫁田の言い伝えはどういうのかといいますと、五月は、田植えをしなくてはいけない、ある家の嫁さんは姑に、一日のうちで田んぼを植えろと命令されます。ところが一人の女性の力だけでは、広い田んぼの植え付けはとても無理なのです。しかし、姑に言われたので、やむを得ず一生懸命植えていきました。ところが、田んぼが広いため、夕方になってもなかなか終わらない。日はどんどん西に傾き始めた。嫁は、もうこれ以上やると暗くなってしまうので、何とか責任を果たしたいと思い、一心に念じました。そうしてやっとの思いで田植えを終わって腰をのばしたときに、太陽が、待っていてくれたのでしょう、やっと山の端に入っていき、嫁は終わってよかったと思いつつ、傍の小川で足を洗って帰ろうとした瞬間に、ばったりとその場に倒れて死んでしまったのです。嫁の帰りが遅いので、主人と姑が探しにいくと、小川のほとりに嫁が倒れて死んでいた。夫は悲しんだわけでありますが、どうしようもない。村人たちは、姑の無理な言いつけを守らざるを得なかった嫁のことを悼んで、だれ言うとなく、その田んぼを嫁田というようになったという話でありまして、これは別名嫁殺し田とか、女殺し田という恐ろしい名前がついているのです。

特に嫁と姑の関係を言うようになったのは、江戸時代の半ば以降でしょう。重要なのは、五月の田植えのときに、若い女性が田んぼに入って苗を植えたこと、つまり早乙女が田植えをしているということです。若い嫁ということでありますが、この「嫁」の意味は「女の家」という象徴的な意味があるわけで、若い女性を一般にヨメと呼ぶわけですね。家に入り嫁にならなくても、若い女性であるならば、ヨメと呼んだのです。これはよい女という意味であろうという説もあるくらいですが、そういう「嫁」が田植えをするということが重要なのです。

なぜ嫁が田植えをしているその直後に死んでしまったんだろうか。姑が無理難題を言いつけたというのは、江戸時代の過酷な労働条件を背景に語られた話として受け止められておりますが、もっと古くは、若い女性が田植えの最中に、儀礼的に死んだのであろうということです。死ぬということは、大変なことですけど、儀礼的に死ぬことであろうというのです。それはなぜかというと、恐らく若い嫁が死ぬということは、稲の豊穣をもたらす田の神に、いけにえとなっていたという考え方が基本にあったのではないか。それがなぜかというと、若い女性が子供をたくさん産むという、生殖能力が反映していて、穀物の成育が可能になる、つまり稲が豊かに実るという古い農耕感情にもとづいているのではないかと思われています。

だから、水窪町の西浦田楽でも、はらみ女の真似をしたものが出てきます。妊婦の格好をした女性が踊りながら、子供を産む真似をするわけですが、子供を産むパフォーマンスを演ずることは、その年に子供が生まれかつ作物が豊かに実ってほしいという発想があるのでしょう。日本の民俗芸能の中には、女性の妊娠する動作を示すものがあって、これらは明らかに農耕心意によるんだろうと考えられているわけです。

川根町の庄内で聞いたのが今の嫁田の話なんですが、これが同じような性格を持ちながら、多少物語的になっているのが金谷町の話になっています。これはこういう話なんです。

若い娘がいて、この名前をきくと言った。このきくが恋愛をしまして、一人の若者を好きになった。その若者の家に通っていったというんですね、何回も。しかし、それを見ていた別の若者が、きくを好きになって、若い娘が通っている途中で待ち伏せをする。そしていろんな脅しをかけて、恋人のところに行けないようにしようとした。松林の中をおきくさんが通りぬけようとすると、黒い影が道をふさいで、生きている者ならごめんなさいと言って通れ、死んだ人なら「南無阿弥陀仏」と言って通れと言いました。きくは突然のことだったので、思わず「南無阿弥陀仏」と夢中で言って走り抜けました。次の晩、おきくは、また変なものが現れてはいけないと思って、白い布を頭からかぶって、後ろに長くたらし、頭にろうそくを立てて夜道を進みました。すると、また黒い影が現れた。そこで娘は、即座に「南無阿弥陀仏」と言って通り抜けようとした。若者はそれを聞いて、持っていた刃物で娘を殺してしまった。村人はおきくの殺されたあたりにお墓を立て、供養した。やがてそれをきく祭りというようてきた、おきくはその後も恋人のことが忘れられず、お墓から出てきては、白い布を引きながら金谷の方に消えていく姿を人々は何度も見たので、そのあたりを、布を引く女の人ということで、布引原と呼ぶようになったと言われておりまして、これは地名の伝説として語られている。

日本の女性の中で、どういうわけか、殺される女性がおきくさんという名前が多いんでありまして、みなさんの中におきくさんがいらっしゃったら申し訳ないんですが、たとえば茨城県の古河《こが》市で民俗調査をしたときも、やはりおきくさんという名前をつけると早死するというので、嫁にきたら名前を変えなくちゃいけないという言い伝えがありました。つまり、きくという名前を避けようという意識があるというわけです。なぜそんなことになっているんでしょうか。

おきくという名前は、水端に現れてくる女性の名前につけられておりまして、『番町皿屋敷』のおきくの幽霊は江戸で知られた話でありますが、あの世から水の中を通ってこの世に現れて来ます。『番町皿屋敷』の場合は古井戸を通しておきくが甦ってくるんです。そういう水の神に仕える巫女をきくと名付けているケースがあったのでしょう。

きくというのは、巫女の名前に多かったようです。神がかりをしやすい状態、あの世からのいろいろなメッセージを聞き届けるような状態、霊の言葉を聞く、という、非常に単純なところから出てくる表現ではないかと思われます。また一方では、きくというのは、菊の花の精であり、菊の花の持っているイメージから、女の幽霊のたおやかな、なよなよした風情に一致するという考え方もあります。いずれにせよ巫女などに好んで使われやすい名前であったようです。以前、北条きく子という神がかりをする女優がおりまして、これがたまたま、きくと一致しますけれども、もちろん一致しない例もたくさんありますから、どうということはないのですがなかなか合理的に説明し切れない部分があるという一つの例であります。

これは、殺された女という形でとらえているんですが、若い女性が儀礼の上でしばしば殺されていることは、新しいものがそこから再生してくることを意識します。つまりそれは子供を産むという考え方ですね。そうしてそれは、神霊と結びついているようです。

農耕社会においては、田の神との結びつきで、若い女がそこの神に仕えるという状態と、それが儀礼の上で殺されるということが、一致しているのです。だからほんとに死ぬというのじゃない。また子供を産むという行為も、あの世から生命をこの世に甦らせるという考え方でして、そこに子供を産むということに対する女性観が生ずるのです。

母親と子供の絆

女の人が子供を産むことは、明らかに母と子のつながりを表現するわけであり、母と子の絆は、たとえば我々がよく使っている「おふくろさん」という言い方にありますように、袋の中に子供を入れておく、つまり十月十日お腹の中に入れて、生命を甦らせるということが秘められている。生まれてきた子供と母親の関係は非常に強い絆によって結ばれています。これは男がいくらがんばっても、なかなか母親と子供の間に介入することはできない。そういう例を語る民話がたくさんあります。

静岡県の民話の中で、それに類する話の一つをご紹介いたしましょう。「手なし娘」というものであります。この「手なし娘」というのは、手がない女性のことで、大変きれいな娘さんでした。その母親が恐ろしく嫉妬深い継母で、その娘の両手を切って山奥へ追放してしまいました。娘は両手がないので、山にいるやさしい鳥たちに助けられて生きていました。あるとき一人の若者に出くわしました。みかん畑を持っている若者で、その若者は、両手のない娘に会って好きになり、気だてがやさしいというので、夫婦になりました。数年が過ぎて、娘は玉のような子供を産みましたが、夫は江戸に行って留守でした。そこで、嫁は夫に子供の誕生を知らせる手紙を書きました。かつてその娘を捨てた継母は、茶屋を経営しておりまして、そこに手紙を持った飛脚が通りかかった。その飛脚の話の中に世の中は不思議だと、手のない娘がかわいらしい子供を産んだというのを聞いた継母は、それは自分がかつて手を切った娘だろうと思い、飛脚を酔っぱらわせて、手紙の内容を変えてしまい、玉のような赤子が生まれたというところを、犬だか猫だかわからんような赤子が生まれたと書き直して知らん顔をしていました。

それを持った飛脚が夫のところへ行くと、夫はそれを見て、犬猫のような赤ん坊であるけれども、自分の子供であるんだから大切にしろという手紙を書きました。同じ茶屋に来まして、飛脚がまた一杯飲んでしまって、寝てしまいました。そこでまた、継母が手紙を見て書き変え、犬猫のような赤子はいらない。その子を背負ってどっかへ出て行けと、書き直してしまった。飛脚が妻のところへそれを持って帰りました。

妻はそれを見て非常なショックを受けました。しかし、夫の意志ならば仕様がないと、子供を背負って家出をしました。しばらく歩いていくと、大きな川がありました。女はこの川を渡ろうとして、橋の途中まで来たときに、どうしたことか背負っていた赤ん坊を川の中へ落っことしてしまいました。仰天した母親は、子供を何とか救おうとした。手のないことを忘れて、川の中へ飛び込んで、子供を抱きかかえました。つまりそのとき、それまで手がなかったのでありますけれども、手が生えていたというんですね。つまり、母親が子供を救うという、強い心情が、ここでは表現されているのです。

この「手なし娘」は、全国的に語られている内容でありますが、特に静岡県の三島市から伊豆の長岡温泉に向かう道筋にかつて「手無」という地名があって、この「手なし娘」の話は、この手無の地名伝説として語られているものであります。とにかく、この民話は母と子のつながりの深さを表しているわけです。

また日本の代表的な民話である浦島太郎も、本来の話は、母親と子供とその妻の三者の対立関係を表していると心理学者の河合隼雄氏は分析しています。というのは浦島太郎は独身で、四十歳のときにはその母親は八十歳ですね。そのとき出会った乙姫様は、二十四、五歳の若い女性で、竜宮で浦島太郎は乙姫と仲よく暮らしているうちに、どうしても母親が恋しくなって戻ってきてしまった。そして、玉手箱の煙をあびて、母親と同じ年代になってしまったという、悲劇的な民話なんですね。世界的なレベルでいいますと、こんな悲劇的な話をなぜ日本人は代表的な話として語っているのかということになります。つまりこれは、母親の力に引かれた永遠の少年が、母親のもとに走らざるを得なかったということを表している、つまり母親の力がそれほどまでに強いことを意味しているわけです。

浦島太郎の話もそうですが、母と子の絆の深さというものは、民俗学の上では、胎内から生まれた子供を何とかして自分で産み、育てなければいけないという強烈な母親の意志が働いているといえるのです。しかし何もこれは、日本だけではないわけでありますが、その潜在意識がより強く、民間伝承の中に残っているということが、日本の女性や子供の民俗文化を考える上で、重要な意味を持っているんではないかと思っています。このことについては、民俗学上では、母と子は、母親が尊い神霊と交って、子供を産むということが一つの理想型として語られており、したがって出産は聖なる祭りなのである。そして、生まれてくる子供を、神の子として大切に育てていくという心情が母親にはより強いということが示されており、これが母子神という神格になるわけでしょう。そして妖怪変化の形だと、先ほどの産女になり、胎児をこの世に戻したいという表現になってくるわけです。

これは母と子というものを考え、あるいは子供というものを考えていく上での、日本文化の一つの特徴を表すわけであります。日本の子供については、「七歳までは神のうち」という表現があり、母と子のつながりが非常に強くて、この母と子が同時に出産を司る産神によって守護されているということなのです。氏神さんとはちがって、出産という血を流して産んだ子供を、血があるからケガレと見ないで、それを守護していたという産神の存在があり、産神が支配している段階が七歳までであるということでしょう。七歳が終わると、七つのお祝いを経て氏神様——土地の鎮守の神様でありますが——へ参る。そうすると、社会的には一人前に近づいて行き、次の半人前の段階、子供の世界に入って行くというふうに考えられました。

老人と子供

七歳までは幼児といいますが、その段階が、実は老人と深い結びつきを持っているのであります。六十一歳を越えると三歳の童子のようになるという表現があります。これは江戸時代『和訓栞』という辞典に記されているんです。老人が赤ん坊のようになるという言い方は、老人は、六十一歳を越えると再び子供としてこの世に生まれ変わるという意識であろうと言われています。おじいさんと孫というのは非常に仲がいいんですが、父親はそのおじいさんと孫の間にはさまれて存在が薄くなるというケースもあるのです。そうした一つの例をお話しして終わらせていただきたいと思います。

姥捨山の伝説というのはあちこちにありますけれども、古い姥捨山の話では、家の主人がモッコに親を入れて、さらに自分の子供を連れて姥捨山へ行きます。つまり三人で行ったんですね。おじいさんと父親と子供だから、おじいさんにとって子供は孫です。そうして山の中へ入っていき、男はいよいよ自分の父親である老人を捨てることにして、同時に運んできたモッコも一緒に捨てようとしました。そのとき、今まで黙っていた六つの男の子がこう言ったというんですね。「そのモッコは捨ててはいけないよ」と。それで父親が「どうしてだ。これはもういらないではないか」と言ったら、孫が言うには「今度お父さんをここへ連れてくるとき、このモッコは使うんだから」と言った。それを聞いて、父親は愕然として、親を捨てようとしたことを悔い改め、捨てようとした自分の父親をふたたび連れて家に戻ってきたという話であります。姥捨山には幾つかの類型がありますが、これは「親捨てモッコ」というモチーフで語られているものなんです。

この中で重要なのは、孫がおじいさんとかおばあさん、つまり祖父母を救ったという話になっていることです。しかも、それは七つ前の子供でありまして、山の中に入って、いざというときに一言、言った。その一言がすべての運命を変えたということになっているわけです。これは子供というものの持っている一つの霊力を表しているのではないか。しかもそれは、老人の世代と深く結びついているのです。「おじいさん子」という言葉があるくらいでありまして、これと「親捨てモッコ」のような話が語られるところに、老人と子供の深いつながりが示されていると思うわけであります。

実は、民俗学という学問は、日本の歴史の流れの中でも、記録に比較的残りにくい日常の生活の暮らしぶりとか、ものの考え方について、全国的に資料を集めてきて、民俗文化の型というものを組み立てようとする学問であります。その主役は、今まで申し上げましたように、男性中心の歴史から排除されていた女と子供と、そして老人なのです。つまり社会とか政治とか経済の中心を担うような人々ではなくて、その周縁部にいながら、なおかつ文化における潜在的な能力を持っていたと思われる、そういう人々を対象にするのです。

従来の日本の歴史学は、こうした老人とか女、子供といったものを中心として歴史を再構成することにやや消極的でありまして、民俗学がこれを一つの分野として開拓していくことによって、本来の日本文化の中にある、女や子供と言われている人々の持っている文化的な力を甦らせることができるのではないかという前提から、今言ったようなお話を申し上げたわけであります。

サブカルチャーとしての老人文化

祖父母のイメージ

民俗学者の宮本常一が、自分の祖父について語った文章が『忘れられた日本人』の中にあります。宮本の祖父は弘化三年（一八四六）山口県大島に生まれ、昭和二年（一九二七）にその地で死んだ、ごく平凡な日本人の一人でした。宮本市五郎は、孫を可愛いがり、いろいろなことを教えました。夜は一緒に寝て、昼間は山へ連れて行く。五、六歳の孫に畑の草ひきを手伝わせ、ほうびに野生の草や木の実を食べさせました。

ある日、日がくれかけて、谷をへだてた向うの畑を見ると、キラキラ光るものがある。何だろうと祖父にきくと、「マメダが提灯をとぼしているのだ」といった。マメダというのは豆狸のことである。マメダは愛嬌のあるもので、わるいいたずらはしないし、人間が山でさびしがっていると出て来て友だちになってくれるものだとおしえてくれた。

マメダの提灯とは、鳥おどしのために使われている鏡の破片に夕日が反射したのが実体なのですが、祖父はそのことを知っていながら孫に山中の神秘として伝えてくれたのです。だから幼い子供は、自然と山の彼方の世界へ関心を深める心情をいだくようになったのだといいます。また「どこにおっても、何をしておっても、自分がわるいことをしておらねば、みんなたすけてくれるもんじゃ。日ぐれに一人で山道をもどって来ると、たいてい山の神さまがまもってついて来てくれるものじゃ。ホイッホイッというような声をたててな」という言葉も、山の神に対する敬虔な気持ちを幼心に植えつけるにきわめて効果的であったと思われます。

祖父は孫に多くの昔話を伝えています。それはいわゆる口承文芸の範疇に属する内容もあったでしょうが、大部分は、人は自然に深く傾斜すべき精神をつねに持つべきことを素朴な実例で訓《さと》したものであったといえるでしょう。たとえば次のようなエピソードがあげられています。何かの拍子に孫の金たまの先がはれた。祖父は、みみずに小便をかけたためだといい、わざわざ畑からみみずをほり出して、ていねいに水で洗い、ふたたび畑へ返してやった。そして「野っ原で小便するときにはかならず「よってござれ」といってするものぞ」と教えたのです。そこでいつも立小便するとき、「よってござれ」といいながら、溝でするような習慣がついたといいます。同時に「みみずというものは気の毒なもので眼が見えぬ。親に不孝をしたためにはだかで土の中へおいやられたがきれい好きなので小便をかけられるのが一ばんつらい。夜になってジーッとないているのは、ここにいるとしらせているのじゃ」と教えてくれた。この老人の言葉には、特別に生物学的な裏づけはなく、事実としては間違っていることが、子供にもやがてわかることであったけれど、みみずが不幸であることを知り、この動物のために深い哀憐の情をおぼえた、と宮本常一は後に懐古しているのです。祖父の考えでは、生きとし生けるもの、すべてにその存在理由があるのであり、みみずに対しても十分敬意をもつべきだという人間本来の生き方を、祖父として孫に伝えようとしているかに思えます。

祖父は家にあっては一つの世代を形成しています。だから祖父と父とは対立した。孫にとってみると両親と祖父母はつねに対立項にみえていた。たとえば宮本家では、父親は養蚕をはじめたが、祖父はそれに反対でした。先祖からの畑を桑畑にはできないと主張したのです。そこで父親は、家の先祖伝来の畑は用いず、村山を借りて、自力で桑畑をひらいた。祖父はこれに非協力でした。祖父は、先祖伝来の田畑を管理し、麦粟、イモを作り、藁仕事を行った。祖父の主張は、養蚕で金儲けすることは大切だが、そのために、米麦をつくる土地を犠牲にはできないということでした。これがふつうの祖父のあり方といえたのです。

祖父母には、先祖とのつながりが父母の世代よりも強く感じられていると、孫が理解していたのです。「私一代は家のつとめを十分つとめますけえ、どうぞ嫁の代にはなまけてもゆるしてやってつかされ」という姑である祖母の表現は、一般的な姑と嫁の対立点を物語っています。先祖に仕えるという生活行動は、伝統的なムラ社会の道徳律であったことは容易に理解できます。「祖父のつとめ」は、盆の仏《ほとけ》参り、正月の親類まわりでした。宮本家は真宗であり、仏参りは熱心であり、祖父は朝から孫をつれて親類をまわって歩いたといいます。「だまってその家へはいって仏壇のまえへいって拝み、それからその家の人に「ええ盆でございます」と挨拶した。正月ならば「ええ春でごいす」といって」家に入り、それから仏壇をおがみ、正月の挨拶をした。こうした親類への挨拶の仕方を、祖父は孫に伝えておこうとしたのです。村の人間関係の基本を孫に理解させようとしたのですが、祖父が死ぬと、もう親類づき合いを中止にしようと何軒かから申入れがあったといいます。「親類は家についたものではあるが、同時にその家の主人、主婦についたもの、特に老人の意志によることが多い」

と宮本は指摘しています。老人の意志は、先祖の観念を、一族の広範囲に及ぼすところにありました。そして古い親類までもその中に入れていたのですが、「じいさんの死んだことだし、親類のつきあいはやめにしよう」という反発が次の世代には起こってきています。ここにははっきりした老人世代としての位置づけがよみとれるのです。

宮本の祖父母は五十年つれそい、喜の字と金婚の祝を子供たちから受けました。そして祖母の方は脳出血でポックリとみまかった。その祖母は、死んだ後にヘソクリを一文も残さなかったことが、村人から高く評価されたといいます。ヘソクリは自分がしたいことをするためにつくり出す。特に主婦の場合、家の仕事に追われてなかなかできないので、里の実母からもらう。実母はたいてい隠居しており、隠居は自分でもうけた金は自分のものになり、自由に使うことができたのです。そして実母は嫁にいっている娘にヘソクリの金を与えるのがふつうでした。祖母も嫁にいった娘や孫にみついでいたらしい。一般にはヘソクリの一部を残しておき、自分の葬式費用にあてるのがこの地方の習慣だというのですが、宮本の祖母は一文も残さないで死んだ。「まずしさがそうさせたのではない。後のものがキチンと葬式をさしてくれることがわかっていたからである」という。そこには老人が「家」の構成要素として十分に機能していることを物語っています。

一方祖母の死後の祖父は、それから五年間働きつづけ、その間民謡をうたうのが唯一の楽しみだったといいます。祖父が倒れた日、彼は朝早く畑仕事を済ませ、午後には道の修理をしていました。通りがかりの村人が、盆だから休んだらといったらば、盆が過ぎると、また大勢人が通るから、今のうちになおしておかねばと答えたというのです。夕方祖父は山から帰り、夕食後踊り場へくどきに行った。八十歳過ぎてもさびのある歌声で夜ふけまでくどいた。そして十二時に家に帰りばったりと倒れ、意識不明となって、三日目に死んだのでした。祖父の死後、近所の一人の老人が祖父名義の貯金通帳をもってきました。それは葬式の費用にするためのもので、その老人は祖父の友人でした。しかしこの老人は昔、宮本家に放火して焼き払った少年でもあったといいます。気が変だったためですが、祖父はこの者の面倒をみてやっていたのです。かつて自分の家に不幸をもたらした人だが、その老人が立ち直ってからすっかり彼を信頼していました。村社会に形成された人間関係の一つのあり様を示している意義深いエピソードでありましょう。

この地の盆踊りは祖父の死後乱れはじめました。文化の古形を保つべき担い手を失い、村人は新しいものに切替えようとしはじめた結果だったのです。

以上のような宮本常一の祖父母のイメージを通じて、老人世代のもつ性格が浮かび上ってくるでしょう。一つは老人が孫の世代との絆を深く保つことにより、先祖伝来の無形の精神を民俗文化の型に位置づけようとしていることです。二つは、老人世代として生きる目標については、日本の伝統的社会の中において十分に把握できたという点です。三つは、老人は死後の世界との親近性をつねにいだくことによって老人文化の意義たらしめているということでした。

ウバステ山

鹿児島県の離島の一つ甑島《こしきじま》に、興味深い「親棄山」の昔話が残っています。荒木博之編『甑島の昔話』(三弥井書店)によりますと、昔、六十歳を過ぎると、老人はウバステ場に捨てられたというお馴染のストーリィが語られています。甑島では、六十歳の老人を息子と孫がたんかにのせて山へ捨てに行った。ところが道すがら老人は道のかたわらの柴をとっては折り、それを落としていった。いよいよ山奥にきて、息子や孫と別れるときになった。老人は「道すがら柴折《しおり》〳〵と折り柴は、我身見捨てる帰る子のため」と一首を詠み、道に迷わないようにと注告した。これを聞いた孫は、父親に対し、祖父をすぐ家に連れ帰り、内緒で納戸の中に隠して養ったらどうかと申し出た。しかし父親の方は、六十歳になったのだから駄目だと拒否する。すると孫は、それならばお父さん、お前が六十歳になったら、私がまた捨てに来ることになるよといった。父親はそれを聞いてショックをうけ、お前がそういうならばと老人を連れ帰ったというのです。

「親棄山」は、中国の棄老国伝説に基づいているのですが、広く日本全土で語られ、とりわけ老人の位置づけを民衆がどの様に想像していたかを知るための有力な素材です。六十歳以上の老人が社会に不要視されるという前提がありながら、一方では老人の知恵という精神文化の重要性が逆に強調される結末となっています。

柳田國男は、『村と学童』(一九四五年)の中で全国的事例を四つに類型化しています。一つは六十歳の老人をもっこに入れた父と子が、山奥に捨てに行く。運んだもっこを一緒に捨てようとすると、孫が父に向かって、もっこは家に持ち帰ろうという。この道具はまた使うことになるのだからと父親に説明する。これを聞いた父親は成程と気づき、親を捨てることを止めて、連れ戻ったというのです。この話は、中国では有名で、孫が父の不孝な行いをいさめた話として知られています。柳田は孫がわざわざ山奥に行って親不孝をいさめるならば、山中へ行く前になぜそうしなかったのかと設問しています。これは恐らく、ウバステの場が山中の聖域であり、幼童である孫の発言は、一種霊力が高揚した段階で可能であったことを物語っているのでしょう。年長者の父親が、幼童の一言で、老人を連れ帰ったのは、ウバステの場が異界との境界領域にあたっていたためと思われるのです。老人はその結果、死の世界から生還したのであり、その後老人の知恵を発現させることで、社会的地位を保持することが可能となったのです。中国から伝来したモチーフといいながら、この類型は、全国にわたっていますが、とりわけ西日本に濃い分布を示しているといいます。また国際的には、中国に限らず、インド、ヨーロッパの諸地域で採集されていて、日本でも『今昔物語集』巻九が文献上紹介された初見です。ここでは中国楚の話となっています。原谷《げんこく》なる者の父は親不孝で、祖父を嫌がり、輿にのせて原谷と一緒に行き父を山中に捨てます。そのとき原谷は祖父の乗っていた輿を持ち帰り、父に対して年老いたらば貴方をこれにのせて捨てるのだと伝え、父の不孝を訓したというものでした。

二番目の類型は、王の親捨ての命令に背いてひそかに老人を隠していた孝行の息子が、老人の知恵により、王の危難を救い、その国では老人を捨てることは以後禁じられたという。この話のルーツは、インドでありやがて日本に伝来して各地に伝えられるに至りました。老人を大切にしなければいけないという生活律が社会的に確立していたのであり、当然のこととして子供たちにも受け入れられた昔話だと、柳田は指摘しています。

中国やインド起原の「親棄山」の話ではありますが、日本人の感情にフィットするように作り変えがあったと一般には認められていました。しかし柳田は、外国起原をもつ以上の二類型とは別系統のウバステ山を想定したのでした。それは山中に捨てられたのが、親ではなくウバ＝姥であり、このウバに尽す、心の優しい子がいるという点なのです。両者の関係は老女と男の子であり、母と子の関係です。男である子には女房がおり、女房は悪い女で、老女を山中へ追い出そうとする。夫である男はいったんウバステをしたがすぐに後悔して老女を迎えに行く。長野県更科郡の冠着山にまつわる故事は、そうした老女と妻と夫の関係から説かれた代表的事例です。老女は生来心掛けがよかったので、山の神の加護を受け、山中で幸運を手に入れ、戻って長者になり、悪い女房の方はそれにあやかろうとして失敗し、山中でかえって不運な目にあい死んでしまうという結末です。ここには老母と息子の間に通い合う愛情を主題にしているという特徴があります。母が子に背負われていく途中、道々左右の木の小枝を折って行く。その理由は、息子が山から無事帰るようにという母親の慈愛でした。

先の甑島のウバステ山にもその主題がよくでています。「道すがら柴折〳〵と折り柴は、我身見捨てる帰る子のため」「奥山にしをる栞は誰のため身をかき分けて生める子の為」という二首の和歌がつけ加わって、これは「女の歌であり、又涙をこぼして感動した母親の歌」であると柳田はいっています。「私の想像するところでは、始めて和歌を添へて此昔話をした人は、或一人の母であつた。若い頃は心のやさしい娘であつて、かつてしみぐ〵とこの話を聴いて、一生の間覚えて居たのである。それを年とつてから娘たちに、又はかはいゝ孫たちに聴かせる時に、思はず知らず斯ういふ歌が心に浮かんで、それを山に捨てられて行く老女の作のやうにして、高い声を出して歌つたので、じつと聴いて居た若い女たちも、親の有難さをじんと胸に響かせて、恐らくは皆涙ぐんだことだらうと思ふ」と柳田はのべています。母と子を結ぶ愛情が、母なる老女の死を眼前にして顕在化しており、母親としての老女のイメージが印象深く語られているのが、親棄山の日本的展開なのです。一方老人の知恵を強調した類型には、そうした母と子の愛情の発露についての言及はありません。たしかに老人をウバ＝老女に限定したことは、一つの日本の特徴でありますが、老人が捨てられる山中の奥深い異界の存在についても、日本の各地では、それを具象化する傾向がありました。たとえば群馬県利根郡新治村猿ケ京では姥棄山は、利根郡と吾妻郡の境にある南山の一角にある地獄谷です。また多野郡鬼石町坂原は、部落の最も奥深い場所で、岩穴があったといいます。勢多郡北橘村小室では姥棄山は赤城山で、老母は、六道の辻を通って姥子坂へ入り境の神であるソウヅカノバアサン・ジイサンの前を通り、姥子坂の頂きで、子と別れるといいます。ソウヅカは、三途川から生じた地名で、このあたりが境界領域にあたっていることを示しています。そこを境いとして老人は死の世界に追いやられると考えられていたことを示しているのです（渡邊昭五編『日本伝説大系　北関東篇』みずうみ書房）。前橋市には和尚塚の地名が残っていますが、和尚塚すなわちソウヅカ＝三途川という境の空間の存在をここにも予想していることになります。共通して山中の一定空間を通過して異界に赴いたことを示しています。それは死後の世界にも通じるのであり、老人の宿命というべき死との境界の往来の観念が、ウバステの背後には横たわっているとみてよいのです。そしてその折に再三指摘されるように、老人と孫の世代との関わりに注意すべきことを、叙上の資料は物語っています。

翁のイメージ

祖父と孫は、老人と子供に置きかえることが可能です。東アジアにおける棄老国のテーマは、日本においても基層の部分として受容され、とりわけ女性的色彩を帯びていました。そこには老人が老女であり母親であり、自然に娘や孫に及ぶという女性原理が発現しているのです。

さて「老てふたたび乳児と成る」という諺について『倭訓栞』では「七八十翁嬉戯

如二小児一」という文例をあげ、「四十を老の始とするよし、西土にいへり、内経には五十以上為レ者と見ゆ」というような「老」の規定があります。四十歳、五十歳を老いの始まりとするのは、東アジア世界には少なく、「六十一為レ老」とする『令義解』が、社会通念となっていたことは周知のとおりです。

老いることは、年を取ることであり、それは同時に衰弱したり、もうろくしたりする状況を伴います。老人が乳児や稚児に近いというのは、大人として能力が衰えて、子供のようになっている様子をさすことでそれは自明の理でありますが、ただはたして世俗的には一人前ではなくなったといって一方的にそのマイナス面ばかりを印象づける諺であったかどうかは疑問です。「年寄り子供」といったり、「年寄りと子供は気が短い」「年寄りと子供は、余所の物がうまい」などというのは、老人と子供のわがまま、身勝手を批難しているのはたしかです。

しかし一方では、「年寄りの言うことに間違い無い」とか「年寄りの言うことは聞くもの」という教訓があり、これは「老人の知恵」としてプラスの価値が与えられています。「年寄りの言うことは土さも落ちない」というのは、老人の言葉は地面に落ちない、それは正しくて貴重であるという意味ですし、「年寄りの唾は糊になる」というのは、老人の言葉は、離反してばらばらになっているものを一つにまとめ上げることができるという意味なのです。こうしたフォークロアは「年寄りは家の宝」の表現に集約されるのです。

このような老人が成長して一人前になっているわが子よりも、まだ幼ない孫を熱愛することが間々あり、それを「年寄りの孫気違い」などと表現しています。祖父は自然と孫に同化していく。老化現象によって肉体的にも精神的にも幼児化するのですが、これは、「年寄りは二度目の子供」ということなのであってむしろ歓迎される意味ではないでしょうか。子供の純真さが、わがままであるという表現を上まわっており、その反映が老人に対してもなされているのではないでしょうか。

平穏無事なる村の生活に老いて行く人々は、子が生まれると再び子の心に復り、孫が出来ると自分が孫であった頃の、感覚を喚び起されるのであります。殊に子供の相手は年寄ときまって居まして、其間には又大きな鏈が繋がって行くのであります。

と柳田國男が『野草雑記』で指摘するような、老人と子供の間の「大きな鏈」の質が、民俗文化として大切な点は言うまでもありません。しかし柳田民俗学は、子供文化についての研究成果をかなりあげているにしても、それに連なると予想されている老人文化についての資料収集はきわめて不十分でした。

『今昔物語集』巻三一には、賀茂祭の日に、一条大路に立札をして見物する一人の老人について記しています。その立札には、「此ハ翁ノ物見ムズル所也、人不レ可レ立ズ」と書かれていました。そのため群集は、その老人の近くに寄らないので、その場だけゆとりのある空間ができていました。たぶん陽成院がそこで御覧になるのだと人々は考えたらしい。ところが立札の脇に浅黄色の着物を着た翁が出てきて「上下ヲ見上見下シテ、高扇ヲ仕テ其ノ札ノ許ニ立テ、静ニ物ヲ見テ物渡リ畢ニケレバ返ヌ」という。遠くから見ていた人々は陽成院が出御しないで、たった一人の老人が出現したので不思議がった。そのことを聞いた陽成院は老人を探しだして問いただした。老人は西八条に住む刀禰《とね》であった。陽成院に召された老人は、たしかに自分が札を立てたが世間が誤解するように陽成院をかたったわけではない。「翁既ニ年八十ニ罷リ成ニタレバ物見ム心モ不レ候ズ、其レニ孫ニ候フ男ノ今年蔵司ノ小使ニテ罷リ渡リ候ツル也、其レガ極テ見マ欲ク思給ヘ候シカバ、罷出テ見給ヘムト思給ヘシニ、年ハ罷老ニタリ、人ノ多ク候ハム中ニテ見候ハヾ被二踏倒一テ死候ナバ（下略）」。そこで一計を案じて、立札をして見物したのだというのです。院はこれを聞いて、祖父が行列にまじった孫の晴姿を見たいという一念で行ったことであるから自然の道理であるとしてその行為を許したというのです。

この老人は、「尊レ長養レ老之道」として社会的に定められた一つの道徳律を巧みに生かし、混乱した祭礼の中で、ゆうゆうと見物できた次第なのですが、特に注目されるのは老人の祭礼への参加が、孫の晴姿を見物することにあったという点です。これは先述した祖父と孫の主題に適合する筋でもあります。この場合、老人はわざわざ作った立札により、混沌とした空間の中で、自らの地位を保障されていることになったのです。

『令義解』には、祭りの際に参加する老人に対して一つの位置づけを行っている資料があります。「凡春時祭田之日、集二郷之老者一、一行二郷飲酒礼一」とあり、郷の老人の祭りの集会に際して、酒礼が定められていた。すなわち六十歳以上の老人は坐すのに対し、五十歳以上の者は立侍る。その理由は「所二以レ尊レ長也」とあるから、祭りにおける年長者すなわち老人の地位が高いものとされ、それが慣習化していたことがわかります。そうした老人の権威が実際に機能した形が、先の『今昔物語集』の事例なのでしょう。

『本朝文粋』九に記された「白箸翁」を名のる奇妙な老人の話があります。貞観の末頃、一人の老人が、市中を徘徊して白箸を売っていた。正体不明の老人なので、人は恐れてあまり近寄らない。老人でありかつ異人のイメージがあった。寒いときも暑いときも「皁色《そうしょく》」の着物を着ており、枯木のようにやせ、浮雲のようにふわふわしている。鬢髪は雪のようであり、冠と履物はつけていない。要するに異形異装なのです。人が老人に年齢を問うと、つねに「自言二七十一」という。ところが、その頃八十歳になった一人の売卜者が言うには、彼がかつて幼少の頃にこの老人の姿を見たことがあるというのです。そして衣服や容貌は今の姿と変わっていないという。すると白箸翁の年齢は、すでに百余歳に達していたことになる。しかしついに彼も病気にかかり、京の市門の側で死んでしまった。人々はその遺体を、賀茂川の東側に埋めた。そして二十余年経た後、一人の老僧が、去年の夏、かの老人が山中の石室に座している姿をたまたまみかけたという噂が弘まった。老人は石室の中で、終日香を焚き、法華経を誦していた。老僧が近寄り、たずねると、老人は笑って何も答えず、姿を消してしまったという。この白箸を売る永遠不滅の老人の存在はメタファーに満ちています。椿の花をもつ八百比丘尼の姿をほうふつとさせますが、八百比丘尼の場合は、若い女の姿として描かれる例が多かった。しかし白箸翁はつねに七十歳の老人として出現しており、あたかも老人の特権を主張するかのようです。

折口信夫が老人のもつ文化の表徴として翁のイメージを提示したことはよく知られています。折口の翁はまれびとであり、祭りに臨んで翁が出現する必然性を説いたのです。折口の重視した祭りは、秋から冬、そして冬から春にかけて行われるものが中心で、そのとき、来訪神が家の主人に長寿と健康を与えてくれる。鎮魂と再生を約束してくれる来訪神は常世からくるまれびとであり、それが老人の姿、すなわち翁でした。山折哲雄氏は『神から翁へ』(青土社)でこれを救い主ととらえています。翁の姿をとるのは、子孫を祝福する祖神なのだからということになりますが、より具体的には、仮面に表現される老翁、尉、姥という形式です。翁のお告げが村人たちにとっては期待される内容なのですが、この翁にあたる存在は、神事に携わる年上者であり、舞太夫の長でもありました。この神事の代表例が翁舞であり、仮面の翁は神聖な存在でした。翁舞には翁歌がうたわれ、老人の優位性が、祭りの日に噴出してくる。そこには共通して鎮魂の目的が加味されていたのでした。

翁が想像力の対象となっていることは、ちょうど子供イメージに対するのと同様なのです。その中で翁の老人像は、永遠の老人であり、祭りにあっては、まれびとであり、現実の伝統社会では、祭事の長老ということができます。「年寄ハ村ノ父老ト云フガ如シ、広村ニハアレド、狭村ニハナキモノ多シ」(『農政座右』巻一)とか「西土に耆老といふもの一郷に一人づヽあり、老人ともいへり」(『倭訓栞』)というように、老人、年寄りのもつ社会的機能が求められていたと予想されるのです。

東国の村では名主組頭といいますが、所によっては、庄屋年寄組頭の名称もあります。この中で年寄百姓又は長百姓は、村の老人のイメージと名称の上で重なる部分をもちますが、年寄りが役職として要求されている機能は、村を束ねていくことであったでしょう。年寄りや長老の表現には、そのことが表現されているのです。ところで村内における長老制は、比較的西日本に集中して分布する祭祀組織としての宮座の中に採用されているシステムといえます。

長老制は、日本の伝統的村落社会における宮座と深い関連をもつことが、従来民俗学や社会学の研究によって明らかにされてきました。祭祀の中心的神事に関与できるのは限定された長老衆であり、それは十人とか五人に員数が確定されています。別称年寄りといったりオトナ（大人、二名）の名辞もあります。

高橋統一氏の『宮座の構造と変化』（未來社）によりますと、滋賀県蒲生郡竜王町弓削には十二人の長老がいました。十二人の長老の坐る座席は、左座と右座とがあり、左の方が高く、十二人中七人が左座に坐る。最高年齢の者が最高位に位置し、彼はイチバンジョウ（一番尚又は一番尉）とよばれ、以下二番、三番とつづいている。さらにその中で、左右とも四番尚までの計八名は八人長老とよばれ、十二人のうちでより格式が高いとされています。長老と村人との関わりは、村で長男が数え年十五歳になった正月には、氏神の小日吉神社に詣でて神前に報告し、さらに十二人長老を自宅に招き振舞いをして、正式に一人前の村人として公認してもらうのです。成人式ですが、古くからの名称を烏帽子着といい、古式では装束一式を着用してみせます。成人式以外にも、村で赤ん坊が生まれると、長老衆に届出ます。その折玄米二升を一緒に差し出しました。長老衆の中で、その年に当番にあたっている年行司（当家）は、集まったお米で餅を搗き、その年の出生児の家に配るのです。これを「花びら餅」といい「当がえし」といって当家の義務とされています。別の見方に立てば、この世に生まれた幼児に対し、老人＝長老衆のもつ霊力が附与されることを意味するのでしょう。

次にその年の年行司は、八人長老たちを招いて祝宴をはっています。長老衆にとって、赤子の出生や一人前になる若者たちの通過儀礼に立ち会うことが重要な意義をもっていることを示しています。この村の長老衆は、昭和四十五年十一月の調査時点で、左の一番尚が七十三歳、右の一番尚が七十歳で以下左七番尚の六十三歳、右五番尚の六十六歳と年齢順に下がっていきます。村人にとって、次第に年を重ねていき、十二人長老の一人になること、さらに誰かが死亡して欠員ができ、八人長老になり、さらに長寿を保ち、一番尚になることは、最高の栄誉なのです。これらの順序については、宮座加入時の年齢がきちんと記録されており、これを「座下り帳」と称し、代々保管していて、その順番に狂いがないように定められているのです。

長老衆の祭事におけるつとめは、正月の的化粧、祈禱、二月の射親（謝礼の儀）、涅槃四月の誕生、五月の祈禱、七月の御田講（稲の成育を願う儀礼）、夕汁（仏教儀礼）のほか、各月の御講などがあります。祭祀儀礼の管理執行を行うのが基本ですが、これら長老衆が村の政治に対して強い発言権をもっています。それは、以上の宗教的儀礼での寄り合い、祝宴の最中に、長老だけで話し合う時間があり、この間村政についてのとりきめがあります。したがって、実際に、区長や役職者が寄り合いを開き、村政を議論する以前に、長老衆と相談を済ませておくケースが多く、場合によっては長老衆の意見が正論として世論を左右する事例には事欠かないのです。

神に仕える老人は、翁のイメージをもち、背後に霊性を保持するとみられる故に、老人の知恵については、尊重されるという基層信仰が村に成り立っています。仮面の翁のお告げが、神事舞の中心であり、つねに長寿であることの老人の姿は、村人の潜在意識の中に繰り返し再生産されていくのでしょう。

老人の霊力

『読売新聞』昭和四十九年七月二十九日付に新潟県刈羽郡高柳町の老人たちの生態を

記した興味深い記事があります。「老人自殺の風土」のタイトルがつけられて、この土地に住む老人たちが毎年死にいそぐという内実をレポートしているのです。一年に八人の老人が死んだ年もありました。「若い者はみんな都会へ行ってしまう。わしら置いて、そして誰も帰ってこない」という豪雪地帯です。老人の自殺率は全国一といいます。

婦人会のリーダー格の六十八歳の老女が首を吊って死にました。布袋をかぶり、うす化粧をしていたというのですから、覚悟の自殺ですが、警察では病苦による自殺と処理しました。たしかにその老女は糖尿病であったのですが、自殺につながるほどの重病ではなかったといいます。人々が自殺の原因について疑問視したのは、老女は永年小学校の先生をして定年後婦人会長をつとめており、日ごろより老人は宝である、お互いに長生きしましょうと励まし合っていたし、ご主人も老人団体の指導者で、指折りの豊かな農家だったことです。だから第三者からみると、とても自殺するとは思われない。その日老女の家族は、田んぼの草取りに出ていて老女は昼食の支度のため一人家に残った。午後一時ごろ家族が昼食のために家に戻ってみると、すでに老女は死んでおり、きちんと身辺整理が終わっていたのです。

東京からこの地に嫁入りした女性は、自殺した老女は病苦ではなく、この土地で、自殺することを当人自身も近親者たちもそれほど重大なこととは思っていないように感じたとのべています。働けなくなった年寄りは、あとの人のために死ぬという潜在心意があったのではなかろうかと疑問を投げかけているのです。一般に統計上では、老人の自殺の原因の第一位は病苦、ついで厭世です。男女別では、女性の方が七割近く、時期は、農繁期の四―六月、九―十一月に集中しています。死亡時刻は、家族が外出しており、一人だけ留守居しているときが目立つといいます。豪雪地帯には出稼ぎがとりわけ多いのですが、出稼ぎ先からは毎月きちんと送金があり、生活そのものは決して困ってはいない。経済的なことより、「ぽつんと取り残された孤独感」が問題だというのです。毎年九月末から翌年四月まで高柳町には老人と子供だけが村に居残っていることになります。男も女も、長男夫婦さえも子供を老人に預けて関東方面に出稼ぎにでてしまうからです。

残された老人たちは、たまに寄り合ってはお茶を飲み世間話をする、冬は毎日屋根に上って雪下ろしをしなければならない。「せがれたちが安心して帰ってこられるように家を守っておかなくては。雪で家がつぶれたら子供たちにしかられてしまう」という老人もいました。老化して身体が衰弱してくると、「もうオレは家族の足手まといになった。子供が働いているのにこのまま長生きすれば、子供や孫に厄介をかけるばかりだ」という心理が働きだしてくる。自分が家の役に立たないという自覚が強まってくる。家族の一人が「じいちゃんは邪魔だから家にいて」と気をつかうと、逆に老人は追いつめられた気持ちになるというのです。

年寄りはオレが時はとグチを言う
明治老福祉のかげに消えて行く
御仏にすがりつきたい齢になり

とはいずれも、刈羽郡老人クラブ連合会で作られた川柳であり、老人たちの心情をよくうたっています。

次のようなエピソードもありました。六十七歳の老人が自殺した。息子夫婦は通年出稼ぎで東京へ行ったまま帰って来ない。中風で半年寝たきりの生活がつづいていた。息子からの便りで、東京に定着したいから、出て来ないかとの誘いでした。それから一週間後老人は首を吊りました。自分の土地を離れたくなかったからだといいます。町の老人相談員たちは、「結局は、生きがいをなくし、孤独感、さびしさから死を選ぶ」と指摘しています。現代社会における老人の生きがいとは何なのか。老人たちは、福祉老後さらに働きつづけることを望んでいるのです。それは生活のためではなく、福祉施設での簡単な労力奉仕を行うだけでもよいという。「養老金やお祝い品をもらうこともありがたいことだが、本当にわれわれが欲しいのは仕事だ。簡易作業場のようなものを作ってもらいたい。年寄りの親睦の場になる」といい、「たまり場」のような空間の必要性が説かれています。この高柳町でも自殺防止対策として、「できる仕事は老人に頼み、家庭の一員としての役割意識をもたせる」「長寿者の話を聞く会を開いて、地区内で位置づける」などを掲げて実施に移すというのです。

昭和六十一年春から、農林水産省が、高齢人材活用を試みだしました。農山村にいる古老の知恵を活用しようというのです。米づくり、牛育て、屋根葺き、竹細工などの各分野の名人たちが、現在地域の老人たちの間には健在です。民俗技術の伝承者たちを集めて、再構成しようとするのです。年寄りの知恵を現代によみがえらせることにより、地域の村や町は活性化する。老人たちは永年の体験で鍛えた力で自信を取り戻すことができる。家族の間でも、老人文化を見直す状況となるのであり、世代間の断絶を埋めるのに役立つことになるだろうと期待されているのです。

野本寛一氏の『庶民列伝』(静岡県出版文化会)には、静岡県下のいわば「生きがい」をもって働く老人の人生を描いておりなかなか印象深い聞書きが集められています。

本書に取り上げられている三十名のライフヒストリーを見ると、いずれも幼い頃から苦労を重ね、平凡ながらまともに人生を送ってきた老人たちの懐古談をもとに構成されています。かれらの大部分は非農業民であり、それぞれ職人として、社会的な評価を得て、老人となりました。たとえば杜氏であり、かつお茶師であった加藤正さんは、明治三十二年生まれ、父親がお茶師であったので、自然とお茶揉みの技術を習得しました。しかし十九歳の折に、杜氏の職人として出発します。加藤さんの故郷静岡県志太郡大井川町藤守(旧静浜村)は、酒造りの町として知られており、最盛期には、「志太杜氏」は十五人を数えていました。杜氏として一人前になるための修業を十二、三年はしなければならない。加藤さんは十九歳から四十歳まで造り酒屋で働き、その後杜氏として各地へ出張し、腕をふるいました。一方お茶師の生活もあったから、「冬は酒、夏はお茶」の暮しでした。加藤さんの住む藤守は、技術のすぐれたお茶師の輩出する土地柄だといわれており、加藤さんもその一人だったのです。二十九歳のとき結婚しました。加藤家は代々農家でもありました。先祖伝来の田地田畑は、もっぱら主婦に担われていたので、主人は、冬も夏も杜氏、茶師として単身赴任するのです。一年のうち半年以上は別れ別れの生活をつづけていました。結婚後五十年、二人は健在です。子供は三人、孫は六人。加藤さんは老人クラブの副会長で会計を八年間やっています。会員の信頼は厚い。鶏を飼い、近所の頼まれ仕事をする。自分で貯めたお金を、孫が車を買うときや、家の改築などの際、たしまえとして出すのが、何よりの楽しみだという。この老人は農家の出身であり、実際先祖伝来の農家を経営していたが、農業の方は奥さんが担っていました。本人は杜氏と茶師という職能をもちいわばマルチ型の人間として活躍しました。老後もそれ故に人々に信用ある役を果たしていることになります。

静岡県西伊豆町田子に住む鰹節づくりの名人である北原さんは、当時八十五歳。尋常小学校を経て水産補習学校に入り、同時に鰹節屋に奉公しました。十二歳のときです。約十年間鰹節修業に励んだ。一方、奉公先の鰹節屋は郵便局を営んでいたので、夜間電報を配達する役が与えられていたし、冬の閑期には山で炭焼をしました。薪炭は鰹節製造に欠かせなかったが、余った薪炭は、清水港に行く船に売り渡しました。二十四歳で結婚後、火災にあい、自宅を全焼したので、一から出直しをはじめます。努力が実って、昭和九年ごろには、職人三十名ほどを雇う規模になり、すっかり基礎を固めました。戦後益々発展しています。特に終戦後魚の統制が行われた頃、田子の浦の鰹節組合の組合長を務めていたので大変な苦労をしています。現在は次男が家業を継ぎガソリンスタンドの経営も兼ねている。孫も家の仕事を手伝ってくれている。しかし今でも老人は、鰹節づくりの総監督です。「八十五にもなって鰹節を作っているのは日本中でわしぐらいなもんだろう。鰹節はむずかしい。いくらやってもきりがない」というのが老人の誇りであり気概なのです。

功成り名とげた老人の知恵は、社会的地位から退隠した後も、十分に発揮されるということの例は、枚挙にいとまがありません。民俗学的にかれらのライフヒストリーをとると、そのことがよく示されています。興味深い共通点は、老人たちがかならずしも、その道一筋とは限られていないということです。『庶民列伝』を著した野本寛一氏は、現在もたくましく生きている老人の職業の関わり方に、複合性・重層性があると指摘しています。先述の加藤さんは、杜氏と茶師のかたわら農業を営んでいた。また強力と臼職人、砂糖繰りと海苔づくり、農業をかねた人、葺師と農業の組合せ等々があげられています。一つの職業にこだわらないで、複眼的思考をもっているのです。転業を重ねていても道をはずすことはない。ただ野本氏が言うように、その地域の風土性をよく熟知し、季節的循環を巧みに生かして、マルチ型になっているという点があります。しかし複眼的な生き方でも、どっちつかずになるということにはなっていません。一人前になるためにかなりの修練を必要としたし厳しい労働条件にも耐え得るエネルギーをもっていることは欠くことのできない点なのです。

生きがいをもつ職業について仕事に没入できるのは、個人の素質もあると思われますが、別言すれば職人気質の有無でもあります。そして職人気質の性格は、仕事の内容によって異なりますが、そうした気質の形成は、仕事を生み出した土地の特殊性が影響するでしょう。たとえば上州気質とか江戸っ子気質といえば、上州や江戸の風土の中から生まれたものです。老人の知恵という場合も、その土地から生じた気質や土地柄を背景として、はじめて現実に機能しており、それが職人の腕前に関わり、それがたんなる技術に終わらず人生観や人間観に反映してくるのです。

民俗学的に考えると老人固有の気質が、老人の霊力として発想したとき、それは子供の霊力と相乗作用を起こすことになり、老人文化として一つの枠組を提示してくれるのではなかろうかと思います。

われわれは、老人気質と老人の職業、仕事の適合性を検討する必要があり、それは老人文化を創り出している地域社会の伝統文化の特性を前提としてとらえ直す必要があると思われます。小論ではそうしたサブカルチャーとしての老人文化を位置づけるための予備的考察を行ったに過ぎず、今後は叙上の視点をさらに深めたいと考えております。

Ⅳ　現代社会と民俗学

ミロクと世直し

私は民俗学のうち特に、日本の民間信仰についての研究を進めてまいりました。

大学時代の卒業論文は木曽の御嶽信仰です。卒論を書くにあたって木曽の御嶽山の麓の村々に通いました。木曽教育会の宿舎を借りて、地元で活躍している行者さんから話を聞きました。大学院に入りましてからは修士論文のテーマに富士山の信仰を選び、そのときに偶然にも、ミロク（身禄）という行者が富士山と深い関係があり、富士山山頂で享保十六年（一七三一）に入定《にうじよう》という形で自殺したことを知りました。それがやがてミイラになり後に身禄を崇拝する富士講が日本の新宗教のルーツになったといわれています。身禄は富士講の教祖的な地位についた人物として、日本宗教史の上で、大変注目された存在であったのです。

富士講の身禄という、富士信仰の中から出てきた山岳行者の問題について、たくさん文献が残っておりまして、何故入定したのかということの記録も残っていましたので富士講の文書を調べてきたわけであります。

ミロク信仰と世直し

ところで二十五年ほど前信州戸隠山の学術調査で、長野市を訪ねましたときに、湯田中温泉の金倉に弥勒さんという有名な石仏が祀られているということを聞きました。私は富士山のミロク行者を調べていたわけでありますが、弥勒信仰という枠の中で考えた場合に、何か関係があるのではないかという気がいたしまして、その後直接金倉の方へ行っていろいろの話を伺ったのが、ちょうど二十二、三年位前だと思います。金倉の弥勒についてはご当地の金井喜久一郎先生の研究で、ほとんど明らかにされているわけでありますけれども、興味深かったのは、金倉の弥勒さまが徐々に下半身を地上に現して、やがて全身像が姿をこの世の中に現した時に、この世はケイロクウ(回禄)になるという、言い伝えがあるということを伺ったことなのであります。

この回禄《かいろく》になるというのは、つまりこの世が終わりになって、そして新しい世界が誕生するということです。これは日本人の古い伝統的な、世直しに関する考え方でして、世直しという問題と弥勒信仰が、不可分に結びついているということを、金倉の弥勒さんが示唆している点について、初めて知ったわけです。それと富士山の山頂で入定したというミロク行者の行為とが、何か関係があるということがそのとき思われたのであります。それでこの二つを結びつけて昭和四十五年に『ミロク信仰の研究』（未來社）という書物を出しました。さらにそれを広げて行き、昭和五十年に増訂版を出すことができたというのも因縁深いことであり、また金倉の弥勒様とそのことを導いていただいた金井先生のお蔭で、一つの研究の方向が発見できたということを、今でも大変印象深く記憶にとどめている訳であります。

その後この問題について十分な追究をしないままで過しておりましたけれども、三年前にアメリカのプリンストン大学で、その弥勒仏を研究している研究者を集めて、シンポジウムがありまして、私も日本で弥勒をやっているということで、そこへ参加しました。インド・スリランカ・中国・韓国、そしてアメリカの至るところに、東アジア研究、宗教を研究する人々が、いずれも弥勒に関心を持っており、それぞれ自分たちの国で弥勒研究をしております。アメリカの民俗学会が偶然同じ時期にありまして、そのときの共通のテーマがエスカトロジイつまり日本語でいえば「この世の終わり」というテーマでありました。これもまた大変印象深いテーマです。

弥勒信仰は仏教の中に内包しております「メシヤ信仰」、つまり救い主に対する信仰であるということは一般に知られています。そこで「この世の終わり」というテーマを選んでいるという、そうした学界の動向は、要するに世紀末的な現世が、だんだん終わって行くのではないかという不安な気持ちを抱いているアメリカ社会の方向づけと関係があるのではないかという気がしたわけです。実際滞在中にニューヨーク・タイムズ紙に、一頁大の大きな広告がありまして、そこに「マイトレーヤ現る（マイトレーヤとは弥勒のことです）」と、紙面に大きく載せられていました。

この広告ページの中に、弥勒がこの世に現れてくるということを盛んに宣伝しているということについては、一つは核実験に対する不安がありましょう。つい最近ソ連のチェルノブイリ原子力発電所の大事故がありましたけれど、アメリカでも同様にスリーマイル島での事故がありました。日本では楽観的になりがちですがアメリカ人の心の中には原子力に対する恐怖が沁みわたっている。そのこととマイトレーヤ現れるとか、この世の終わりを説くという人々の考え方の根底に核爆発への恐怖に対するものは非常に強いことを知りました。

その後私は日本へ帰りましてそのことを『読売新聞』に書きましたら、ほんの一週間か二週間足らずで、私の研究室につぎつぎと葉書や手紙がきました。日本にも弥勒が現れているという連絡がありまして、その代表の方が是非逢いたいという、どうもこれはアメリカの話だけでなくて日本の国内にもそうした宗教意識が高まっているということがわかりました。

アニミズムへの関心

私も古い民間信仰ばかり研究しているものですから、これが現代の社会にいきなり関わってくるということをあまり意識していなかったのです。アメリカの状況を説明したらば、日本の国内でも同じような反響があったということにびっくりしたわけです。弥勒は要するに五十六億七千万年後という天文学的な数字の未来に、この世に現れてくることを弥勒経の中で説いているわけですが、これはインドを中心とした雄大な世界観の中で説かれていたもので、だんだん東方へ仏教が伝播してくるにつれて、それぞれの国で救い主に対する信仰が一つの形をとるようになっていったといわれています。これが最終的には極東である日本にも辿りついたわけですが、辿りついてからどういう形で日本人が信仰していたのかということは、日本人の民族性によっていろいろな形を現すに違いない。私はそういう前提でこれまで調べてきたのですけれども、アメリカの熱狂的なマイトレーヤに対する期待が「メシヤ」信仰として現代社会において強く表現されているわけです。

日本の国内からの連絡があったのはまず富山県の高岡市からでした。高岡市に昭和五十六年七月九日にミロクが現れたというのです。大正五年七月九日生まれの女性教祖がそうであります。この女性が弥勒自身であり、弥勒は女性の姿をしてこの世に現れたというふうに言われているのです。私の研究室に見えたのはその教祖さんではなく、そのお使いの方で、弥勒の出現ということを盛んに説いていきました。昭和五十六年七月九日というのは五十六億七千万年という数字の語呂合わせなのでしょう。弥勒はこの世に現れてくるという、一般的な教義の上の説明に語呂合わせが重なっていますが、この点は意外と日本では重んじられているものであります。

弥勒は具体的には「カナモリ・マツエ」という名前を名乗り、この下界に出生されたという。人間界に現れていろいろな奇跡を行っているのです。とくに弥勒仏が、兜《と》率天《そってん》で長い苦行をした結果、この世に女の姿となって現れてきたという点が注目されます。

弥勒浄土で弥勒仏がそこにいて、最終的にはこの世に現れてくる、その場合五十六億七千万年後という数については、古来からいろいろな説があるのでありますけれども、人間世界の四百年間が弥勒の浄土である兜率天の一昼夜に相当しているという。そして一年間を三百六十日と数えますと、天上界つまり兜率天の寿命は、四千年である。そうすると、ここに一つの数字が成立するのです。計算すると400×360×4,000＝567,000万年ということになる。数字の根拠はどこにどうあるかということははっきりしませんけれども、これをいずれにせよ五十六億七千万年という読み方をしているのです。そして、それが何時かということを皆それぞれ勝手に解釈している。

たとえば大本教は、大きな勢力をもった教団でありますが、この大本教の教祖は出口王仁三郎であります。王仁三郎が五十六歳七カ月のときがちょうど昭和三年三月三日にあたるのでありまして、このときをもって弥勒出現のときと定めていたわけです。そのときに具体的には弥勒として現れてくる。ここで興味深いのは、出口王仁三郎も女装をしてこの世に現れてきていると説いていることです。実際には男でありますけれども、王仁三郎はそのときは女性の姿に変身してこの世に現れたとしている。これは突飛な考え方というよりも、日本文化の中で教祖として、現れるときには男より女の人をとおして、具体的な姿をとりやすいということを示しています。

先の女性教祖は高岡市で「御手南《みてな》教会」という名称で大勢の信者を集めておりまして、昭和五十六年七月九日の日にいろいろな奇跡が日本列島各地に起きたという新聞を送ってきていました。たとえばちょうど梅雨明けの頃の七月の朝、太陽に虹のリングがかかっている。これは気象学上、科学的に説明できるものでありまして、太陽に虹がかかったように見える現象なのです。これを教団の方では弥勒が出現した兆《きざし》であるというふうに記していましてそれが関東地方の一部に現れ、また富山県地方で青空が広がる一瞬に太陽の光が煌《きらめ》いて一つの前兆を示した奇跡現象と解釈して、それを写真に撮りまして資料として送ってきているわけです。

こうしたさまざまな現象はその時点で偶然現れてきたと考えられている。しかし信ずる人々にとっては、これが一つの予兆とか前兆とみなすことが出てくるわけで、弥勒がこの世に現れてきて実際にはさまざまな救いを始めたということを説く一つの根拠になっている。信ずる人は信じ、信じない人はナンセンスなものと見てしまうわけですけれども、日本の宗教人口は実際には仏教でもキリスト教でも神道でもないという人の方が圧倒的に多いのです。しかしたとえばあの世の存在とか、正月に初詣に行くとか、あるいは霊魂とか祟りの存在があるかどうかということをアンケート調査によって調べたらば約七割近い人々がそれについては否定はしないで関心をもっている。日本人は仏教でもキリスト教でも神道でもないということが統計上で現れていて、無宗教の国だと考えられやすいのですけれども、逆にあの世とか霊魂とか、祟りといったようなことについて、関心を示すということにおいては、世界でも珍しい文明民族ということらしいのです。

つまり日本人は、精神行動の内部では精霊信仰といいますか「アニミズム」という世界観に対して関心をもっている。特にこれは日本人の自然に対する考え方と関係するのではないか。逆にそれを無知蒙昧《もうまい》であるとか、あるいは迷信であるとか、そういうように軽視するような意味でとらえる人もいるかも知れない。しかし現実にはあの世を信じたり霊魂の存在を信ずるということは、人間と自然との関わりからいえば大切なことであり、仏教とかキリスト教の教団宗教の枠組だけで処理できるものではないということで、逆にそうした現象を日本文化の特徴と見なす研究者もいるのです。そういう中で弥勒信仰が大きな位置づけを現代社会において持ちつつある。新しい宗教が、弥勒信仰をどんどん取り入れていって、信者を集めているのです。

韓国の弥勒信仰の展開

仏教上の弥勒信仰は弥勒仏が兜率天から、この世に降りてきて龍華樹《りゅうげじゅ》の木の下で三度にわたって説法をして衆生《しゅじょう》を救うという。これが広く展開してきましたのは、阿弥陀浄土とか、観音浄土という場合には、浄土へ行くために一生懸命修行して積善をなし、浄土の世界に行かなければいけない。ところが弥勒は向こうからこちらへ降りてくるという表現で下生《げしょう》信仰されている。下生は観音や阿弥陀の方には説かれておりません。しかも弥勒は釈迦牟尼仏の後に必ず現れてくるという。しかも五十六億七千万年という数字上では不可能とはいいながら、やがて現れてくることは間違いない。そして現れてくる場合には、素晴らしい理想的な世界がそこに現出するのだという考え方です。この弥勒仏が現れてくる時は大きな樹木の下に現れてくる。これは、樹木崇拝であり、神樹に神霊が憑依して降りて来ると解されている。

ちょうど信州で諏訪の御柱のお祭りがあります。諏訪の山の神が木にのっかって里に降りてくるという行事で有名です。これと同様に神樹に対する信仰があり、弥勒は天上から下界へ降りてくる時に龍華樹に憑依して降りてくるといわれます。「龍」という言葉が採用されているのが特徴です。「龍」の語に何か特別なものがあるのではないか、こういう点について、韓国の弥勒仏の研究が進んでおり、韓国内の弥勒の石仏の調査が進められています。韓国の金三龍《きんさんりゆう》氏は「龍」は韓国で「ミリ」と呼ぶという。このミリというのは発音の上でありますけれどもミロクと相通ずるもので龍の信仰つまり雨を齎《もたら》す神としてのドラゴンである龍、その龍の信仰と、弥勒仏に対する信仰が合体しているのが韓国の弥勒仏の特徴であると指摘しております。

日本の場合には龍華の意味が熟しておりません。しかも雨乞いとか雨を降らせる龍神の信仰と、弥勒信仰とが結びついているというケースがないのでありまして、すぐにこれと比較するわけにはいかないのですけれども、地域の土着信仰と、よそからやって来た弥勒信仰が結びつくというときに何が契機になるかということは、こうした現象を研究する場合重要なのであります。弥勒仏の場合もたとえば韓国では雨乞いとか、龍の信仰と結びつけて説いているという一面があることを見逃すことはできないわけです。

私は韓国へもしばしば参りまして弥勒仏の信仰を調べましたけれども、印象深いのは三つの弥勒仏があることとです。特に韓国の弥勒の石仏は巨大なもので、これは日本の比ではありません。ちょうど金倉に平和聖観音の立像がありましたけれども、だいたい弥勒石像というとあの位の大きい像がドッカと立っているのが多いのです。皆立ち姿です。そして日本の方は座像の例が多いのです。

韓国の旧百済地帯の近くにあります「金山寺」の弥勒は、鍋の上にのっかっていて両足を踏みしめている。もしこの弥勒が動いて鍋でもひっくり返しますと、世界中がひっくり返ってしまうというのです。それで弥勒仏はいつも両足でしっかり押えているのだという信仰になっている。

韓国の真ん中に、論山がありまして、論山弥勒が祀られている。大きな石を三ツ重ねて造られた弥勒の石像です。危険が迫るとその身体から血を出すという。朝鮮半島は中国からたえず侵略を受けておりまして、外国の軍隊が迫ってくると弥勒像は危険をしらせるために血を流すといわれています。ここの話で面白かったのは、なぜこの巨大な石を三つ重ねたのかということについて、かつてそこの仏師が大きな弥勒像を造ろうと考えたが、なかなか良い知恵が出てこない。うとうと眠っておりますと、小さな子供たちが遊んでいるからそれを見ろという声が聞こえた。目を覚ましてみると男の子たちが砂を集めて積み重ねてゆく遊びをしていた。それを見て思いついて大きな石の上に、また大きな石をのせるときには、この石の台坐の脇に砂をたくさん積み重ねる。のせる石をその砂の上に斜めにしてのせていくという方法を考案したのだということ。この方法を教えてくれたのは子供たちであります。その小さな子供たちは実は弥勒の生まれ変わりで、そういうことを秘かに教えたのだと言い伝えています。

弥勒というものはいろいろの形で現れるけれども、ここでは小さな子供になって姿を現すというふうに言っています。これが論山弥勒を調べたときに知ったことでした。

次に安東弥勒です。安東市という半島東部の地域でありますが、古い都市でその郊外に有名な安東弥勒があるというので見に行きました。これも巨大な石仏で、全身の姿を現しています。特徴は右肩に松の木が生えている。その松の木の生えているのは、かつて敵軍が中国から侵入して来た。敵軍が通りかかるときにこの弥勒が変身して将軍を襲って敵将を打ち取った。そこで敵軍は復讐のために安東弥勒に襲いかかり刀で切り裂いた。その刀の跡が残っておりそこの所に松の木が生えてきたと言っている。弥勒仏はかつてその辺りに住んでいた酒屋の娘が変身して石仏に姿を変えて敵軍の攻撃を防いだという話も伝えられています。

韓国の弥勒の伝説を聞いていると何れもこの世を救うという、つまり韓国が外敵に追われてこの敵を倒さなければいけないという危険な状況に陥ったときに、弥勒が姿を変えてこの世に現れて外敵と対抗してそれを追放するという役割が課せられている。韓国の弥勒信仰がこの世を救うということは、外敵を倒すという目的のために考えられており、こうした機能が日本にはないのです。日本は外国の軍隊が入ってきて国土が蹂躙《じゅうりん》されるという形は歴史の中ではないわけであります。韓国の歴史には国王が、外敵によって追放されて外国に征服され、それをまた取り返すという繰り返しが歴史上あったわけです。そこで自《おの》ずと弥勒の石仏に対する信仰の現れ方が異なってくるのでしょう。いずれにせよメシヤとしての弥勒信仰がこの世に現れてくるためには、侵入してくる外敵に対抗する力をもった弥勒仏の存在ということを前提においていることがわかります。

中国の場合には天下の大乱を起こすのが弥勒仏である。これは一般民衆の味方となって、反乱運動の先頭に立って権力に対抗するという形でありまして、中国の革命指導者たちたとえば毛沢東や孫文などもそうでありますけれども、かれらは弥勒の経典を読んでいたということが言われています。この世が追いつめられてきた段階で、民衆の味方としてその革命の先頭に立つ弥勒ということが、印象づけられているのです。中国の弥勒信仰というと、反乱運動との結びつきが注目されるということになっている。朝鮮半島にも同様なものがあったわけですけれども、主として外敵に対抗するために韓国の味方となって現れてくる弥勒という発想でした。

女性の信仰

ところが日本へくるとそういうラジカルな形は消えてしまっていて、女性の姿をとって現れてくる弥勒仏という信仰が古くから説かれていたらしいということが言える。ところで私が先程申しました富士山の身禄は男性で、山頂近くの八合目で岩室《いわむろ》で入定しました。その遺体がずっと保存されていたけれども、その岩室が壊《こわ》れてしまい、中の骨がボロボロになって、その骨の一部を信者が持って来て、現在の文京区の海蔵寺というお寺に埋めて石碑を建てた。その石碑が現在も残っています。

これまでの研究では、その身禄の前身は、油屋でかなりの金持ち商人であった江戸町人の一人でありますけれども、全財産をなげうって富士山信仰を説いて歩いていた。ちょうどこの頃江戸の高間伝兵衛という豪商が打ち壊しの対象になり、江戸市中は騒然となった時点でこの世が終わりに近づいたと考え、この世を救わねばいけないということで、富士の山頂に入定したといわれています。入定するときにこれから「ミロクの世」になる、だからこの「ミロクの世」を信じておれば人々は救われると言った。「ミロクの世」になるということを言って自分がミロクであると名乗った人は、そうざらにいるものではないのでありまして、このミロク行者は、自分がミロクだと言い、そのあて字は「弥勒」ではなくて「身禄」と書いていたことも特徴の一つです。

その後江戸八百八講といわれるほどに、富士講は江戸の町と、その周辺の農村部に広がったといわれているわけですが、問題は身禄行者は自分の娘たちを後継者にしていることです。花というのが二代目の教祖になって身禄の教えを一層広めたといわれている。

当時の日本宗教のありかたからいいますと、女性に対しては強い差別観がありまして、五障三従の教えがあり、女性は生まれながらにして不浄であるとする。月経があったり、出産という形で血を流すからその血の穢れにより、この世の中が汚れてしまうから、女性は生まれながらにして血の池地獄へ落ちなければいけないという教えがあったわけです。一般的に女性の不浄が、女性差別の大きな理由にさせられていた、そういう社会通念があった。だから女の人が富士山に登るということはとんでもない話であったわけです。以前山岳宗教修験道の本山である大峯山も女性を入れなかったことは有名です。また、国技館の相撲場で女子中学生の相撲大会をやろうとしたときも日本相撲協会は伝統的に女が穢れているという慣習があるからという形で許さなかった。当時の労働省の婦人局長がそれは女性差別だといって怒り社会問題にもなった。現代でもそんなくらいでしたからいずれにしても江戸時代には、血の穢れということを忌み嫌ったから富士山に女性が登るということはとても考えられなかった。

ところがこの身禄の富士講がその後江戸時代の末期に、大きな組織になりました。それを指導したのがこの身禄行者の娘でお花でした。こういうことからみますと富士山は早くから女性の信仰をすすめていたことは明らかです。富士講の教えの中で女性が、子供を産むということは、この世にとって最も大切なことであるから、血の穢れ、生理があるということは女性にとってむしろ素晴らしいことであるという教え方をしている。ですから穢れとは仏教でそのように言っているけれど、富士講の教えはそういうものではないのだからというわけで女性の信者は多く集まってきたのでした。そしてそのリーダーの一人であるのが花という女性であったということもあり、当時のこれを女性宗教といっても過言ではない。しかも女の人の出産について、ことこまかな教え方もしている。

良い子を産むということは、ミロクの世に生まれることであるということで、良い子を産むためには女は男になり、男は女になるということが必要であるという。これが富士講の「おふりかわり」という言い方です。これは男が女装し、女が男装して、そしてセックスしたらよいと言っている。そうすると良い子が生まれるというのです。明らかに男と女の地位を逆転させてみるということを教えの中で説くということでしょう。このことは、血の穢れを否定することであり、つまり子供を産むことを大切にするという主張をした教団なのです。そのことを説いた花が、自分の父親の身禄の骨を海蔵寺に埋めたという説明になっているのであります。

富士講のミロクは、こういう女性指導者によって、一つの新しい展開を示していた。これは日本の弥勒信仰の一つの現れといえるわけです。こうした問題から先程の金倉の弥勒さんの問題をもう一度みなおしてみたいと思うのであります。

嵩山のミロク様

私は金井先生から金倉弥勒を紹介されたとき、比較の意味で思い出したのが群馬県吾妻郡中之条町の嵩山《たけやま》という山の弥勒仏でした。嵩山の弥勒については阪本英一氏の研究があります。この弥勒仏は女の神様だといわれて、穴の神様であり、穴に関係する人は皆お参りにくるというのです。体に穴があいているのは耳と口と目と鼻と性器がそうです。そこで女性で下半身の病気のある人が参詣するので女性の信仰が大変深いといわれている。

土地のお婆さんの話では、嫁入りした後、お祭りで、何か丸いもの、お団子やお餅をこしらえたらばまず弥勒様に進ぜたかやとお姑さんからいわれたという。そこでまだだとあわてて弥勒さんに、まるめたお餅を持って行ったことがあったという。しかし嫁入りしたばかりで何のことだかわからないので、お姑さんに弥勒さんは何の神様かと言ったらば、お姑さんは、「人間にはいろいろな穴があるけれども、女の人には大切な穴があるのだ、だから穴の神である弥勒様にお参りしなさいよ、弥勒さんは、女の神様で貴女をずっと守ってくださされるからね」、とそのように教えてくれたというのです。

それからもう一つお産の神様でもある。お産が近づきますと必ず妊婦を連れてお参りに行かねばいけない。それから夫婦円満の神様だ、娘が嫁入りに行く年頃になると、必ず母親が娘を連れてお参りに行ったということでした。

弥勒さんは嵩山の頂上辺りの岩の上の高い所の洞穴の中に安置されているので、女の人がお参りに行くにもかなりの難所であるから、なかなかそこに辿り着くことができない。だからその穴の下に行って頭を下げて帰ってくれば良いというように言っている。嵩山の弥勒さんは、穴の神といって女の神、お産の神様と何れも女性の方の神様だといわれていることが明らかです。どんな弥勒の姿をしているのかということなのですが、高さが大体四〇センチ位の石で、しかも台坐が二〇センチ位、いわゆる普通に見られる弥勒の石仏です。右手を膝の上に突く如来像、半跏思惟の姿でもある。先に申しましたように韓国の弥勒像は、そうはいかない。立ちはだかって、今にも相手と戦わんという姿勢をとっている。日本にくると物静かにじっと坐っている感じでいる。野仏や石仏になってくる弥勒さんは、かつて古代の段階で、日本が弥勒仏を受け入れてからだんだんああいう待つ姿勢の弥勒さんになっていき、そして現在のような野仏の形をとるに至った。

嵩山の弥勒仏に銘文がありまして、ここに「権大僧都智勝三光院正覚位南無当乗導師弥勒菩薩」と刻まれている。残念ながら年号が入っていないために何時頃かわからないということであります。しかしこの形式は江戸時代のものであることは明らかでして、とりたててこの弥勒の石仏に特徴があるわけではない。もう一つこの嵩山という山でありますが、この嵩山を別名お天狗さんと呼んでいたというのが一つのポイントになる。お天狗さんというのは修験道の山であったということです。地元の人たちはこのお天狗さんの山は恐ろしい山であるから女の人は滅多に登ってはいけないのだと言ったり、また鶏を飼ってはいけないのだとかいう言い伝えがある。お天狗さんと呼んでいるのですが、そのお天狗さんといっている修験者の集団があったのかどうかということはわからない。この嵩山の洞窟に時折り山伏が来て修行をしていたらしいと推察されます。

地域の修験者たちがそれぞれ修行の拠点にする山を持っておりまして、ぐるぐる山岳を廻って修行する。修行する場合には、一定のコースがあるわけです。日光修験ならどういう所を廻るとか、出羽三山の修験ならどういう廻り方をするとか、それぞれあるのです。その回峰行の一角にこの山が位置づけられたということが考えられる。問題はお天狗さんでして、こういう天狗のイメージというのは、山を修行して歩く修験者に対して里の人がもったのでして、現実には天狗の姿は無くても山伏の歩く姿を妖怪とみなしていたということが考えられている。

もう一つ重要なのはこの山に対して、旧暦の二月の上旬に麓の村から山頂に梵天をあげていたということです。梵天は山伏の使う御幣の一種です。そこに山の神々をよりつかせるもので、梵天をあげる行事が行われていた。修験の影響のある山岳信仰には麓の里人との関係では、梵天の行事がある。これが二月の上旬、地元の人々はこの山の上に登っては梵天を山頂に置いて帰って来る。このとき弥勒様へもお詣りしてくるというケースがあった。

さらに興味深いのは真入塚《しんにゆうづか》という入定《にうじよう》塚伝承があり、真入というのは山伏の名前です。しかも真入の前身は武士であったという。武士であったけれども、修験者に変わってこの土地へ来て嵩山にこもって修行し、九十六歳で入定したと伝えている。その場所が真入塚で、これはほぼ十七世紀位の話であろうといわれています。なぜこの真入塚ができたのかというと、その当時難産とか眼病とか、子供の悪い病気がこの一帯に流行したので、この行者は二十一日間断食をして入滅した。これは入定伝説に伴うものです。この真入塚は回峰や梵天行事という山伏の一連のものと弥勒さんがどこかで連《つな》がりがあったらしいということが想像されます。ただしこういうことは文献には残っていません。きちんとしたお寺があるわけではないので言い伝えになっているだけです。この九十六歳で入定したという行者がいわゆる聖《ひじり》であったことは確かでしょう。

ところで銘文にある「三光院」が真入と同じものかどうかということがわかりませんが、ただ弥勒の仏像を奉納した人が智勝三光院正覚と称する聖の名前であったのであって、回峰して修行する山伏の中の一人であったと想像されます。こういう人々が宗教活動をして行く過程の中で、弥勒信仰が一つの形をなしてきたといえることは明らかです。この場合に嵩山の弥勒信仰は修験者の修験道の一環の中にあったものが、地域住民のもっている信仰と結びついた。その場合、女の神という、それから女性の穴の神というような要素、子授《さず》けという民間信仰が表面に出て来ているといえます。

この問題と金倉の弥勒さんとの関係になってくると、金井先生が調べられた多くの資料によってわかりますことは、要するに金倉の弥勒が年代的には大治五年（八五六年前）という十二世紀の初めの時期で、これは嵩山の群馬県の例は真入塚そのものが十二世紀頃だろうと言い伝えですから、かなりの時間差があります。ただ願主は金倉の弥勒の場合、「安応聖人」であり、もう一人の名前は「大和末光」と拓本の結果読みとれます。安応聖人と大和末光とこれはいずれも古い名前で、施主としては地域の豪族であることも大和末光という名前からは予想されます。ただ安応聖人と呼ばれる人はどういう人だったかという点が石仏だけからはわからない。

それから弥勒仏の脇にある石碑に「法養院・見光院」という二人の山伏の、あるいは聖に類する人の名称が出ていて、その年号が元禄二年（一六八九）ということで、その下に回峰と書いてありますから、ちょうど嵩山の正覚院あるいは真入塚と称されるような修験者たちと比較できる資料なのかも知れません。つまり大治五年という年間は相当古いものになりますから、その時点の弥勒石仏の信仰と、回峰の対象になって修験者が入って来ている。江戸時代初期の頃と中世末から近世初頭にかけての信仰との間にズレがあるように思われます。しかしこの地が修験の影響を受けて聖域として位置づけられていたことは想像できます。

重要なのは嵩山の弥勒様は女の神様になっていますが、金倉の弥勒さんの方は女の神様と言っておりませんが、近くに「蔵王権現」の名称でお産の神様として女の神様が祀られ、現在の蔵王神社となっております。この蔵王権現は修験者の本尊です。それがお産の神様として、今も信心をあつめている。それは雨含《うがん》の松という、松の木の下に有りましたけれども、これが女の神様とされている。これが直接弥勒とどういうふうに関係したかということはそれ以上わかりませんけれども、そうした子授けや子育ての女の神の位置づけは修験者の中からも生まれて来ているということが考えられます。

先程いいました全身を現して「ケイロクウ（回禄）」になるという口碑は、韓国の弥勒石仏の言い伝えの中には、しばしばみられたものでありました。この世の改まりということを常に意識させることが、人類に共通してもっていた信仰であることは明らかなのでありまして、弥勒の全身像が現れたときに、この世が終わりとなって新たな世が始まるということが潜在意識のどこかにあったのです。

そして世の終わりということを繰り返し意識するような民族性は韓国にくらべて日本には乏しく、どこかで何とかうまく行けるのではないかということがある。たとえば天皇が国を追い出されたこととか、国内の大戦争はなく、内乱も日本の国は相対的に少ないと言われております。国内で内乱が起こってこの世が終わりになってしまうという意識は弱い。戦国時代末期にはこの世が終わるという意識があって、弥勒下生信仰が東国に展開されたことは知られております。また江戸時代約三百年の間、一つの地域社会の世が終わりになるような飢饉がしばしばあったわけでありますが、しかし飢饉が長い間続くということは無く、せいぜい二、三年続いてすぐ豊作に転換するという土壌が日本にはありました。

だから決定的に追い詰められる所が少ない。韓国の弥勒のように立ちはだかって相手を叩きのめすという、そういう力をもった信仰にはなっていない。しかし女性の守護神として、家を永続させてゆこうという発想は一方にうかがえます。それを正面に打ち出して弥勒を中心とした新しい宗教が江戸時代に出てきたところをみますと、世の終わりということとはまったく無関係ではない要素を残している。

しかし何れにせよ、弥勒のこうした現れ方にはお国柄というものがあるでしょう。そのお国柄ということが民族性ということと関わっているわけでして、金倉の弥勒さんの一つの例を挙げただけでも、これが実は世界中いたるところに広がりつつある現代の弥勒信仰とどこかで結びついているということに気づかれるわけです。

「血」と「スジ」

ジャパノロジーの課題

本日は歴史人類学会の主催で午後から大きなシンポジウム「血縁」が計画されておりまして、歴史学と人類学の研究者による血縁の原理についての重要な話し合いだと伺っております。私はこのテーマについて民俗学的な話題を提供するということでお許しいただきたいと思います。

実は、先日イタリアで行われたジャパノロジーの国際会議に出ておりましたところ、外国の日本研究者たちの関心を集めている話題が二つありました。一つは「天皇の病気」について、もう一つはポスト中曽根をめぐる政治文化の問題です。最初の問題に関しては、そのとき気がついたのですが、日本学の中には日本人論という分野が確立しておりまして、日本人ほど日本人を論ずることが好きな民族はないそうです。日本人が日本人をどう思うか、また外国の人がどう気にしているかというようなことを大まじめに議論してたくさんの書物が出されている、それ自体が非常におもしろいという。その問題と天皇の病気とをからめた場合、「昭和」という一つの時代が終わりつつあるということに日本人が無意識のうちに何らかの形で反応し、それを文化として表出させているに違いない、そのことを実態として知りたいということでした。

天皇の病気そのものは、日本文化の象徴である「天皇システム」の問題でして、日本文化研究の場合、人文諸科学が天皇制を対象に掲げざるを得ないということは明らかでありましょう。またもう一つの話題である自民党の跡目争いについては、決着はつきましたけれども、あの現象を見ておりますと、宮本常一氏が『忘れられた日本人』の中で指摘しているように、日本人は話し合いの理屈を優先させていて、満場一致に至るまで延々と話し合い、根まわしをするという。今度の場合も選挙という建前をとりながら、最終的には裏方に後継者を決める計らいをして根まわしの上で決着させた。そういうムラの政治のやりとりが、そっくりそのまま公的な政治の場にも出てくるわけであります。選挙をやるということが原則であったけれども話し合いを優先させた。このように建前と本音とをうまく使い分けて、本音の部分で何となく解決して、あたかも建前のように見せかけるという日本文化の持つ特徴がシンボライズされて出ています。

今日「「血」と「スジ」」というテーマを掲げておりますのも、スジが断絶するときと、それを継続するときに、血筋とか家筋とかの問題がからんでくる。つまり天皇が死んで次の皇太子が継ぐというのは話し合いがあるというわけではなく、一つのスジとして成り立っている。これは血筋であり、天皇制を説明する場合に儀礼の執行者としての天皇の機能、職能を継承するということであります。そういう意味では日本の天皇家は古い家筋の一つであるわけで、古い家筋は日本の伝統的社会構造の中に、支えられてきた。皇太子が次の天皇になるということは当然のように考えているということから日本の伝統社会の中にある血筋とか家筋が極めて明確な問題としてクローズアップされています。

一方、自民党が後継者争いを選挙にしないで、中曽根さんから、次の竹下さんに移るという断絶と継続というスジの問題があります。中曽根さんと竹下さんが血縁関係にあるということは毛頭無いのですから、これは天皇家の場合とは違うわけであり、そうすると、別な論理がそこに働いているのではないかと考えられるのです。この問題が、ひとつにはこうした表題を掲げた点になってくるわけです。

継承・断絶・再生

まず、血というものが日本人にとってどのように意識されているのだろうかということです。血筋を「血」と「スジ」に分けたのですが、このスジに対して血がからんでくると、様々な問題が出てくる。日本人の血に対する考え方と他民族の血に対する考え方が違うのではないか。もし、違いがあるとすればそれはどのような形で文化の中で表現されるのだろうかという点を民俗学的に考えたい。

たとえば、ポーランドには有名な吸血鬼ドラキュラという伝説上の妖怪がいます。これは実在の人物がモデルで、永遠不滅に血をすすって生きながらえてゆくという妖怪でした。ところが日本の妖怪を調べてみましても、血をすすって永遠不滅の生を受けるドラキュラのような妖怪は、育っていません。こんなことだけでも血に対する考え方が違うのではないかという疑問があるわけです。もっと大袈裟に言いますと、「血」と「スジ」という問題を出しましたのは、日本の伝統的な民俗文化の中にある継承・断絶・再生といった問題に関わることを話題にしようと考えたからです。

実はこの問題については、私は今年に入りましてから二つ論文を書きました。その一つは、王というものは死ななくてはならないという儀礼について。このことは現実には天皇が病気にかかっておられて、昭和の時代というものが終わりに近づきつつあるということを人々が、潜在的には思っている。そして王が死ぬということは一つの文化の問題でして、王権論では次の王に引き継がれるわけです。王が死ぬということを、日本の民俗的世界の中で、どのように常民が理解していただろうかということを考えるために、東国の王と目された平将門を中心とした、諸国に伝わる長者没落譚を取り上げました(「民間説話と現代——長者の死」、『民間説話の研究』同朋舎)。伝説の上で長者の死を扱って、長者の死が予定されていたのかどうかということになりますと、日本の伝統的な社会の中では長者は三代で没落すると、説いています。いかに栄耀栄華を誇っていても没落してしまう。したがってこの長者を王に置き換えることは王権論の問題となるでしょう。

歴史的には古代にも中世にもそれぞれ地域社会を支配する王がいたということになりますが、それに関しては様々な伝説が生じています。その中で特に「王の死」とともにその支配する世界が終末を迎えるという民間伝承が興味深いものでありまして、そのことを取り上げました。ところが一方で滅びずに生き続ける長者も存在する。たとえば日本の現在の天皇家がそうです。日本の王権は天皇制として表現されておりまず。天皇の歴史には断続はありましたが、結局、何らかの形で血筋は継承され、長者の地位を保っているのです。長者の地位を保っている王は、民間社会における長者没落譚のイメージとどういう関わりがあるのだろうかということを考えたかったのです。

そのことに関していうと、天皇家という家柄としばしば対比される被差別部落に伝えられる由緒書の中にも、やはりその家筋が先祖代々続いてきたことを主張する「河原巻物」があります。このことから、いわゆる被差別部落や天皇家に対して、その中間に位置づけられる常民と称される階層の伝承とは差異を生じていることがわかります。これを「ヒジリの末裔」(『列島の文化史』第四号)という形で、不滅の由緒をもち続けるという二つの「スジ」、即ち、一方は天皇家、他方は被差別部落の旧家に伝わる由緒伝承を分析しました。そこから日本の天皇家が代々続いていることの根拠が、職能としての日知り、日和見という民俗文化と関わるのではないかということを考えたわけです。

以上のようなことを踏まえながら、以下「「血」と「スジ」」について述べたいと思います。

家筋と血筋

長者が日本の民間社会の中に存在しているということ、そしてそれは必ず没落するという意図がこめられている内容は、たとえば鳥取県の湖山ケ池という池の由来伝説が例となります。そこにはかつて湖山長者という長者が存在していたという言い伝えがあります。この長者が、ある年、大勢の早乙女を集めて田植えを行った。しかし、夕方になっても田植えが終わらないのでそこで何とか一日のうちに田植えを終わらせようとして、持っていた金の扇で沈みかけた太陽を三度にわたって招き返した。その行為により太陽はしばらく動きを止めて田植えは無事完了した。しかし、長者は、天の神の怒りにふれ、田はすべて水をかぶって跡形も無くなってしまった。ちょうどこの日は五月五日のことであったということです。

この伝説は「日招き伝説」として一括されますが、日招きをするということは、太陽祭祀を司祭することが民俗的に反映している例と思われています。太陽の動きを止めることは、その地域の王である長者が、その地域社会に通用する時間を自ら管理していたことを示すものの表れでもありましょう。自ら定めた時間の中で田植えが終了しないために、あえて太陽をコントロールしたところ、天神の怒りにふれて大暴風雨がおき、すべての田は無くなってしまい、長者は没落した、そういうふうに考えられます。長者の没落の契機となっているのが田植えでして、地域の王が田植えを主宰するということがこの伝説の中から窺えます。

ところで日を招くという行為は、この事例に限らず日本列島各地に伝えられています。その中で王は、その職能としての時間のコントロールに失敗して自らの生命を断つと言いますか、支配権を失って没落するというふうに考えられます。初代の王にはじまり、だいたい三代目で長者は没落する運命にあるということが民俗社会の中では考えられていたのです。

長者の中でも、スティグマ（聖痕）を持った長者の家筋がありまして、この家系が意外と長続きする。これはたとえば雨乞いの家筋と言えるものです。たとえば代々の当主の腋の下にウロコが生えているとか、右の脇腹に蛇形の印があるなどの伝承を持ち、先祖が竜神に仕え、竜神から特別な保護をうけている家柄です。雨乞いの家筋として続き、一方で、没落した長者の家と並存している事例があるわけです。

雨乞いの家筋の場合、自分の家の娘が生贄として竜神あるいは池の主に捧げられてやがてその后となった。そのことによって、異類婚姻の結果、特別な霊力を授けられた家筋というわけです。それが近世に入ると、地域社会には庄屋とか名主が行政的に村を支配しますが、一方、代々村の氏神を祀っている家に、聖なる家筋としての雨乞いのスティグマが残っているケースが比較的多かったのです。この問題については民俗学者の高谷重夫氏が「雨乞いの家筋」という論文を書き、雨乞いの研究の一つのテーマとなっています。先程述べました太陽を招き返したという長者の家は、天の怒りにふれたということになっていますけれども、職能としては時間を管理する力を持っていたと思われる。雨乞いの家筋の方はそこまでいかずに、水飢饉が起きたり干魃になりますと、自ら水神や竜神に祈禱して雨を降らせてもらうという職能を大切に伝えている家筋である、ということが言えます。この両方は、本来一緒だったのが分派したものかどうか、その辺りは明確ではないが、そういう長者の家が数多く見られるということが言えます。

長者の家筋が代々聖なる家筋として伝わってゆく場合、何世代位までこういう言い方をするのだろうかということになりますと、初代から、次第に力が衰えてきて三代に至って没落する、それ以後の家筋は杳《よう》として行方がわからなくなるということが言われるのです。

ところで先祖というものは、いったい何時まで遡るのかということが問題になります。周知のように柳田國男は、先祖は祖父、曽祖父ぐらいまでであろうと述べています。たとえば盆のときに「爺やん婆やん、この灯りでおいだれおいだれ」と先祖の霊に呼びかける場合、「爺やん婆やん」とは誰のことかを子供に聞いても、亡くなったおじいさんおばあさんのことであって、それ以上のことになりますと意識の上でははっきりとしていません。

日本の祖先崇拝は、家制度が確立してから明確な形をとるようになったと言われています。またいろいろな先祖の観念があるのであって、先祖の観念そのものは、どちらかと言うと人為的に作られたものである。家名というのも、あるいは先祖何代と称しているのも、いずれも文献や記録の中に記されている内容については、はっきりした根拠のないものが多いというのが常民社会であろうと言われております。柳田國男は、要するに血のつながりがあるということを考える先祖と、血のつながりが無くても家の守護神として代々伝わってくるという先祖とがあるということを述べたことは知られています。

この場合に、近代以後に血族意識を強く主張するようになった、有名な「民法出でて忠孝滅ぶ」といわれる立場をとった穂積八束、あるいは穂積陳重の主張がありまして、強く血族意識が強調されました。たとえば、「祖先は血統の源泉なるを以て、血族者敬愛の情も其源泉より流出たるものに外ならず。同血族者が共同の祖先に対して有する尊敬敬愛の念は即ち血族団体の求心力なり。（中略）一家は直近共同祖先即ち家祖の祭を基礎として存する最小血族団体なり。氏族は数家の共同祖先即ち氏神の祭を基礎とする第二級血族団体なり。民俗は其始は数多の氏族の共同遠祖の祭を基礎とする最大血族団体なり」（『穂積陳重・八束進講録』岩波書店、昭和四年、七一ページ）とあるように、血族団を支える血族意識こそが国民統合イデオロギーとして成り立つという思考です。

いわゆる家族国家観と言いますか、家の血統の先祖祭祀体をユニットとして、その上に数家の先祖が集まって氏神をつくり、さらにその氏神が連合して共同の遠祖を基礎とする最大の血族団体をつくった。これが単一民族イデオロギーを説明したものでありますが、この観念が、明治民法体制のもとで、「家」をさらに強化し、「家」を国家統合のためのイデオロギーとして、単一民族イデオロギーを打ちたてる前提としたことになっている。家の祖先を血統血族とし、血の継承の中心点に家長＝家主を置き、それを生活幇助の基礎とした。そうすることによって「家」の崩壊をくい止めようとした。つまり、こうした血族の強化が、共同体全体の崩壊を防ぐことになるという考え方が、明治の段階で強く主張されたのです。

これを柳田國男は、やはり意識の中に置いていたと思いますけれども、柳田の場合、武蔵野の多摩丘陵でたまたま出会った一人の老人が、自分の田地田畑を残して息子や孫に伝える、それで私もようやく先祖になるのだと言ったことにヒントを得て『先祖の話』が書かれたというエピソードがあります。彼の意識の中でもそんなに遠い先祖というものを考えてはいない。つまり自ら開発した土地を耕して、三代位まで続けるということが、自らを先祖として確認できる、そういう状況に置かれることを潜在意識の中で考えていたに違いない。これが民法学者たちによって強烈なイデオロギーに昇華され、近代国家の基盤の崩壊を防ぐための装置として働いた。

このことはやはり柳田國男自身が持っている一つの特徴でもありまして、柳田は戦後の日本社会はその精神的支えを失って崩壊するであろうと考えていた。つまり、若者が大勢戦死したことによって御霊が大量に発生する、そうすると先祖の祭祀が行われなくなり、先祖の恵みというものが祟りに変えられてしまう。それを防ぐためには、長男だけに限らず次男や三男によっても先祖の祭祀が行われる方が望ましいという意図を『先祖の話』の中で開陳したわけです。彼自身も戦後日本社会が崩壊することを防御するための一つの手段として、精神的紐帯としての先祖崇拝の問題をもってきたのであります。

先ほど申し上げたように、柳田が主張した民俗学でいう先祖とは、そんなに遠い時代を意識しないで、せいぜい三代前位までの過去をよみがえらせる。それを「家」の継承の中に送り込むことによって、その機能を強化させようとしたのは明らかなのでありますゞ。この先祖の問題については柳田批判があります。その一つは有賀喜左衛門による批判でした。有賀は、先祖代々という言い方は血筋よりも家系の問題であると主張しています。つまり、血が直接関係しない姻戚や、親方・子方などの非血縁者も含めた「家」が近世の段階で成り立っている。こうした家系は、たとえば商家の同族団と言われるものの中にも曖簾の継承というような形でもあり得ますが、そういう非血縁の生活単位の中に生まれている先祖の観念があり、それは血筋だけに限らない形をとるということです。

藤原氏の総氏神が複数存在したように、直接氏族の守護神を祀らなくても、血のつながらないユニットとしての氏神も存在しうる。むしろ日本人はそうしたものにひかれている。つまり、血筋よりも守護霊としての先祖というふうに考えてゆくべきである、そういう主張をしています。近代の家制度が崩壊して核家族になった現代では、先祖供養そのもののあり方が、血族云々を論ずるよりも一家の守護神のような形で双系家族の方から祀られてゆく。つまり祀り手の複数化、先祖供養のディファレンシェイトと言いますか、そういう状況に対応しているものになるわけです。そういう先祖観念の違い、変化というものが指摘されるのです。

「河原巻物」の由緒書

この点を考えてゆきますと、被差別部落の先祖由緒書が問題となるでしょう。この文書は、歴史学の間では偽文書として従来評価されず、荒唐無稽な内容としてあまり取り上げられてこなかったものでした。しかし、近年こうした由緒書が幾つか提出され吟味されるようになってきました。たとえば『弾左ェ門由緒書』の場合は享保四年（一七一九）に作られたものであり、「私共先祖摂津国池田より相州鎌倉に下り相勤、長吏已下のもの強勢たりといへども、私先祖に支配被為仰付候」と記されております。つまり先祖が摂津の国池田より来て、鎌倉の頼朝から保障を請けて仕えたという由緒書であります。この『弾左ェ門由緒書』の場合は先祖云々をはっきり言わないのですが、幾つかの「河原巻物」の中には、いずれも自分たちが天皇家と関係があるにもかかわらず、その系譜からはずされた家柄であるという言い方をする例が多くあることがわかっております。これはもちろん荒唐無稽というふうに言われてしまうわけですが、なぜ天皇家云々を主張しようとしたのかという点が問題でしょう。

たとえば醍醐天皇の四人の皇子のうちの何番目の皇子が自分の家系の先祖であるという言い方をするのがあり、これは王子信仰と深い関係がある。一体なぜ王子が出てくるのかということになるのですが、王子は、熊野信仰の八十八王子といった、若い御霊の眷属が大量に発生し諸国を流布するという王子信仰によって有名でして、あるいはその影響を受けているのかもしれません。「河原巻物」の由緒書には数多くの天皇家の皇子が登場し、それが自分たちの家のスジに連なるという。ところがその皇子のうちに悪しき因縁にまとわりつかれた皇子がいるという表現をとる。たとえばそれは皮膚病にかかっていたり、肌が荒れてしまう病気にかかっていたり、何らかの形で不浄視されてしまった、その結果御所に居れなくなり追われてこの地にやってきたのが我が先祖であると説く。つまり正統な王家からはずされてしまった王子という考え方であります。この問題は、郡司正勝氏が「王子の誕生」という論文で取り上げています。天皇家の皇子は、もともと怨霊とか御霊になるものであり、正統や王位を得られないために激しく崇る霊として数多く出てくるということです。これは、天皇家が持つ王権の悲劇性に由来するものであります。

漂泊の王子が全国津々浦々に遊行していたと考えられるのは、古代末期から中世の時期でして、そういう家筋が特定の土地に定着したところから、天皇家にはならなかったけれども、その地域の王位につく可能性を秘めた王家の末裔が数多く輩出したのです。そのうちで怨霊化したもの、悲運の行方を辿ったという、そうした家々が被差別部落のルーツに関わってくるということが示されているのです。

「河原巻物」をひもときますと、皇統につながる家々が、悲劇的な末路を辿らざるを得なかったということを語っている。「河原巻物」とは、代々被差別部落の旧家に残る家宝でもあり、ふつうは開いてはいけない、病気になった時などにこれを取り出して、身体の悪い部分をさするると治る、などというような言い伝えをもっております。文献学的にいえばナンセンスな内容で、荒唐無稽といわれますけれども、その背景には、王家の伝統をひきながら初めから王位につけない御霊の系譜をひく王子への信仰が見出されるわけです。そして、被差別部落の民俗調査によりますと、先祖に対する深い畏敬の念を持っているという例が多く報告されています。

たとえば長野県小諸市の荒堀という部落には、京都の四条に住んでいた先祖が信州の地に漂泊してきて、長男と次男と三男とが分かれ分かれの土地に定着するに至ったと伝える家があります。その家の本家筋の者は地侍で、部落の頭を務め、二番目の家は上州高岡の家老の家の次男か三男で、それがお家の御法度に触れ、打ち首になるところを母親に逃がしてもらった、しばらく居候の身であったけれども、小諸城ができて武士として立身できることになった、しかしもう侍はこりごりだと言って百姓になってしまった。三番目の家はトメヤという屋号であるという。このトメヤは、加賀の殿様が参勤交代でこの街道を通りかかったときに、家の前に山から採ってきた匂いの強い松葉を積み上げていぶしたてた。それによって大名行列が止まってしまったのでトメヤという名前がついている。つまり非常に匂いの強いもので災厄を払うという機能を持っていた家だと言える。四番目の家は旅の宗教者で、法眼《ほうげん》と呼ばれる祈禱者であった。この四軒が、その被差別部落の最初の先祖であるけれども、本家筋は先程述べたとおり京都の四条からやってきた者だという。そして、「私たちの先祖は武士であるけれど、その武士は南北朝の戦争に負けて兄弟で逃げてきた、そこでこの地に住みついて支配していた。我々の家は武士であり、気位は常に高い。私たちは自信を持っている。差別される所じゃないですよ」というふうに言って、先祖様の祠を大切に守り、部落中で毎年お祀りしていると報告されています（小諸市教育委員会編『小諸部落誌』）。

つまり先祖に対する極めて強い誇りと古い家筋を重んじる気風とが、この民間伝承の中に伝えられているのです。「長吏」と呼ばれる被差別部落の旧家に伝えられている由緒書は、いわゆる常民があまり意識していない先祖伝来云々を強く言おうとする。それは、王子の御霊というような文化的な背景が一方にあるけれども、他方で、民間社会とは無縁となった天皇家とつながりを持っている。問題となっております被差別という文化現象に横たわっている大きな問題がここに示唆されているわけです。先祖の観念を強調する意識、最古の家筋のモチーフは、天皇家の場合も被差別部落の場合も変わりないわけですが、その職能において何らかの違いを持たざるを得なかった、ということになるわけです。

この問題は、「血脈」に関わってくるのではないか。つまり「血脈」に対する信仰が、常民の社会とは別な形でスジとしてあるのではないかということを示唆するわけです。「血脈」とは、たとえば、真言宗の「血脈」や浄土宗の「血脈」というものがあり、教団で大変重要視されています。「血脈」は仏教の中では、師資相承の証しを示すことであり、真言宗だと弘法大師から出て自分の寺は第何代にあたるというような筋書きです。いわば由緒書であり、先程の「河原巻物」や天皇家代々の伝えを説く文献と同様のモチーフであります。それはちょうど人体の血の道、つまり血が流れる道路にたとえた言葉であって、寺院の「血脈」という場合には、お寺さんの血筋がつながっているということではなくて、「血脈」を持っていることが寺院そのものの古い格式と関わってくるということです。つまり、直接血縁が関わらなくても、血のスジとして代々伝わる何かがあるということになります。

今年の夏に岩手県の早池峰《はやちね》山の麓に行きましたときに聞いた話です。ある古い山寺に和尚さんが住んでいたが、その寺では毎晩女の泣き声が聞こえてくる。この声の主は妖怪変化の類だろうというので、和尚さんが妖怪に対して「何が理由でそんなに泣くのか」と問うた。すると「自分は若いときに死んで山に捨てられた者だ。お前のお寺の「お血脈」が欲しいので、こうして毎晩来て泣いているのだ」と妖怪が答えた。それで和尚が「お血脈をやるが、お前はどこの山にいるのだ」と問うと、その妖怪は「実は山中に捨てられたままだ」と言う。そこで、「それじゃ翌日の十二時までにお血脈を持って行ってあげよう」と言って、その晩は妖怪をそのまま帰した。妖怪は美しい女の姿をしていたという。約束の時刻になり、和尚は山蔭に捨てられたという死体のある場所に行きまして、「昨夜の姿をして現われたなら、お血脈をあげよう」と言った。すると昨夜と同じ美しい女の姿が山上に立った。和尚が「お血脈」を渡そうとして近づくと、その妖怪は急に姿を変え、この世のものならぬ恐ろしい姿となって襲いかかってきた。そこで隠れていた村人が一勢に飛び出して、その妖怪を叩き伏せた。女は大蛇が変身していたのだったという話です。つまり「血脈」というものが強い呪的な力を持っており、妖怪退治を可能にしたという内容です。

お寺の「血脈」は、単なる巻物でありますけれども、それが代々伝えられることによって強い霊力を持つということを示した例なのです。寺院の中に伝わる「血脈」、あるいは神道の中に伝わる「血脈」が、いずれも相続されることにより一つの意味を持ってくる。これは思考の原理から言うと、人間の知能が作り出してきた一つの文化装置でして、実質は血というものが代々伝わらなくても、家筋としてスジがつながる。

代々古いものが相承されてゆくところに意味を見出そうとしていることになる。「血は水よりも濃し」というのはヨーロッパの諺だそうでして、日本の言い方ではないということはよく言われております。しかし、「血は水よりも濃し」という諺が日本社会にも十分受けとめられていて、血にかわる、少くとも家を代々伝えてゆく何かが存在し、血筋と言いながらもそうではない原理をもってきている。つまり「遠つ親」とか「祖神」とか「親神」ということ、仏教では「七世の父母」と言います。この七世を七代というふうに受けとめておらず、訓をふるときには「恵の親」と記していますから、七世というのは古いという意味でしょう。古いものはそれだけ恵みを与えるということを示唆しているように思えるのです。

天皇と常民

スジという言葉に対して一つのコンセプトを出した柳田國男は、「稲の産屋」という論文を書いています。これは要するに、スジとは稲霊の継承によって成り立っているということを主張した論文です。以前はどの農家でも稲積みと言って、その年の収穫が終わった後に稲の藁を積み上げておき、そのてっぺんに翌年の稲種子を保存する一種の稲倉のようなものを作っていました。それは民俗事例として知られているものです。日本の場合には、西南日本から南島にかけて村々の高倉に稲積があって、そこに稲の神が招かれました。稲を保存しておき翌年にそれを蒔く。それが儀礼として行われていたわけです。

「稲の産屋」の問題は、石川県能登地方のアエノコトにもつながっております。アエノコトは、家の主人が稲種子をトシ俵、つまり稲俵のところに置き、それを丁重にお祀りする。さらに興味深い例は、稲のシラという言葉であります。人間が生まれるということと稲が誕生するということを、南島の言葉ではシラと言った。妊婦のことをシラビト、つまりものを産み出す人と言ったり、産小屋のことをシラと言った時期が、かつての日本にはあったと考えられた。この行事が、日本の民間神楽の花祭りとか霜月祭りなどの中にも伝えられて、それがシラヤマ(白山)というものになると説かれた。折口信夫は、シラヤマは伊勢の神楽にもあるし、天皇家のマドコオブスナの神事の中にもあることを説きました。

そのことをさらにふまえまして、被差別部落の白山《シラヤマ》神社を、本来葬儀に関係する業務を分担した、いわゆる「穢多」と呼ばれていた人々の中にある一つの文化装置として考えたのです。シラヤマは、死者を甦らせる一つの装置であって、彼らはその中に死体を入れて甦らせる技術を持つ、念仏聖の系譜を引いた人々であるということが予想されたわけです。

つまり、稲の種子を保存するということから発したシラという言葉が、多義的な言語として日本の基層文化の中に秘められている。このシラの意味は産むとか育つとかいうものであり、シダ、ソダツ、ソダテルという日本語に関わっている。人が生まれるというスダテイ、あるいはスデという言葉が変じてスジという語になったというのが柳田國男の解釈であります。このスジという言葉が種子を指していることから、種を育ててゆくという意味に通じてくるわけです。そして、このスジをつなげるという場合、稲霊の再生儀礼としての新嘗祭を天皇家が行う。そういう稲霊祭祀を執行するのが天皇家の一つの職能であると言えるのです。スジを伝えるというのはそういう意味であって、天皇は職能として種子を育てる立場にあったというのが、スジの継承に対する民俗学の一つの観点なのでした。

一方の被差別部落にディメンジョンを置き換えて考えた場合、スジというものは、先祖代々を強調することは同様でありますけれども、そのことはシラヤマという神を祀るということでもあります。これは加賀の白山とも結びつくわけでありますが、霊魂の再生を行う職能の系譜を一方では持っているということになります。しかし、これが死体処理と結びつくために、常民層によって忌避されるという文化現象を生じさせましたけれども、もともとはスジを重んずる家筋であったことは明らかであろうと思われます。「万世一系」という言い方は、実際には血のつながりは無くても、代々の家筋の継続を指している。そして、天皇家の職能は、稲種子を産み育てるということになるわけでありました。

稲種子を祭祀し、スジとして育ててゆく職能、米を作って食べる職能というものは、天皇家のものであった。こうした天皇家に対して、常民と言われる階層は、むしろ稲を作らない、稲を選ばない民俗性を持っている、それは焼畑農耕、あるいはイモを作る人々であり稲と等価値の意味を持った存在であったと、坪井洋文氏が説いております。だから民間伝承においては、スジをどのように考えていたかということが問題になってまいりましょう。トシは稲種子に同調する言葉でありまして、稲を蒔いて収穫するという一年を指しています。その儀礼を司る稲の民俗とは別個のリズムを形づくっている民俗が、本来等価値であるべきだったのに対し、稲を強調し過ぎたために文化的な歪みが出ているのではないか、そういう批判が民俗学の中にもあります。こうした問題は、これからも考えてゆかねばならないことであります。

鳥取県の江府《こうふ》町に、一つの興味深い事例がありました。ある長者の家にスサノオノミコトがやってきたが、長者の家で冷たくあしらわれて追い返されてしまった。スサノオノミコトは残念に思って復讐を考え、疱瘡神に長者の家へ忍び込むよう命じた。疱瘡神がやってくると、長者の家には注連縄が張りめぐらされていた。そこは聖域であって入り込めない。止むを得ずスサノオノミコトのところに来て訳を話した。するとスサノオノミコトは「落ち着いてよく見ろ、一箇所入れる場所がある」と言った。そこで疱瘡神が注連縄をよく見てゆくと、ほんの一箇所だけ稗《ひえ》で作った注連の部分があった。そこで疱瘡神は稗で作った注連縄の下をくぐって長者の家に入り込み、その家を呪い殺してしまったという。そういう言い伝えが残っていたのであります。

スサノオノミコトというのは、本来御霊の系譜をひく、天皇家から追放された王子の存在ですが、その眷属である疫病神を使って地域を支配していた長者を滅ぼした。長者は本来稲種子を祭祀すべきであったのでしょうが、運悪く稗という稲でないものを使った部分があり、そこを攻め込まれて長者は滅びたという話になっております。

この伝説を見まして、先程から申し上げてきたような血筋の問題を含めた日本の「血」が、たとえばヨーロッパの不滅の妖怪ドラキュラの血のようなものではなくて、たんに古いというものに代置されるもの、それはスジとしてたとえば稲種子祭祀に結びつく一つの文化体系の中に置かれたものと考えることができましょう。

日本の常民には、中国の「七世父母」という言葉のように七代にまで遡らせるような意識はあまり発達していなかった。しかし知識人の社会では、そういうスジが血縁という意味を含めて拡大解釈されてきており、それが文献上に表現されている「先祖」の観念になってゆくものであろうと思われます。しかし、非常民と呼ばれるグループ、つまり天皇家あるいは被差別集団の中には、天皇家の稲種子祭祀とは別に、被差別部落の先祖由緒書から、伝統的スジの観念を、血筋とは別の、古いものということに結びつけて説く文脈があったのではないか、というふうに考えられたわけです。血縁原理ということを考える上で、日本のさまざまな民俗文化の中には、まだこれから発掘すべきものが数多くあるように思われます。

【補論】日本人の霊魂観と仏教

日本人の霊魂観はいま揺れているか

人知を超える霊魂

お盆といえば、都会人はそれぞれの故郷へ戻り、先祖のお墓詣りをする。この慣習は、平安時代の貴族社会にもみられており、現代に至っても、八月の夏休みをかねて、先祖の霊を迎える時期に、日本人の約二割近くが都会から田舎へ大移動している。私も実家のある田舎に行き、迎え盆にはお墓に行って、石塔の前で火を燃やし大声で「じいやんばあやん、この灯りでおいだれおいだれ」と叫んだ少年時代を思い起こす。たしかに夕闇迫る一角から、あの世の精霊がこちらにやってくる気配を感じていた。それから持参したちょうちんに火をつける。この世に戻った霊がこのちょうちんにのり移るものだと子供心に信じていたように思える。ちょうちんといえば、その年に亡くなった死者の霊のために、親戚筋から新盆の華麗な造りのちょうちんが贈られており、精霊棚や仏壇の前には贈られたちょうちんがずらりと並んで壮観である。ちょうちんの火は精霊を導くものだともっともらしく説明されているが、もちろん科学的な根拠はない。しかし「無意識の慣習」として、一般にはそう理解されてきた。

霊魂の存在については、これまでもいろいろと議論されている。霊魂観を明確に説明できないにしても、人々は人知を超えた存在について関心をもっている。たとえば、死んだ人の魂はどこか空中に浮遊して生きている自分たちを見守っているにちがいないという考えを真っ向から否定することはできない。「草葉の陰」という表現は、いったん死んでも、霊魂は自分の家の近くの草葉の辺りにとどまっていることを言っているわけで、ひとたび別の観点に立つとこれは一種のオカルトティズムの世界でもある。墓場に行くと死霊がそこにはたくさんいるから、お化けになって現れて来るかも知れないと、恐れをいだくのも同じ霊魂観にもとづいているためである。

「幽霊の正体見たり枯尾花」

今年の夏も怪談や化け物屋敷の催し物がにぎわった。お化けの実在については、毎年繰り返し大真面目に議論する傾向がある。科学が十分に発達していなかった時代は、人間が未知なものと遭遇すると不思議な現象とみなした。人魂が生前とそっくりな姿をして再現するという説はまことしやかに説かれ信じられた。自然科学の発達に伴って幽霊や妖怪について、科学的な説明をほどこすことはある程度まで可能となっている。たとえば怪火現象なども、狐の嫁入りのちょうちん行列や有明海、八代海にみられる「不知火《しらぬい》」などは野火や漁火を空気の上昇気流がレンズの役目をもって映し出していることがわかった。幽霊については、人が様々なトラブルに巻き込まれて心身が極端に疲労すると、脳に微妙な作用を及ぼし、実際にはないものを感ずる結果による。また一定の明るさや空間のあり方により、あるいは樹木の葉の茂り方などにより、複数の者が同時に錯覚して幽霊を見たりする。「幽霊の正体見たり枯尾花」という解釈などはその典型的な事例である。

霊魂の塊と思われている人魂＝火の玉現象は、私も経験があるが、雨が降った夜の土葬の墓場に燃えている。よくリンが燃えるといったが、これはピロガロールという光を放つガスをさしている。このリン光を発するガスは、動植物の死体がくさってくると発するもので、土の中や水中で発生し、それが空中にでてくると酸素と化合してリン光を放つのである。戦争で死体が累々と横たわっている場所からはよくリン光が出た。それを人々は人魂と誤認したのである。また、よく化け物屋敷というが、長く放置されたままの空間では通り抜ける風の気配で振動が起きたり、怪音を発したりするのである。

こうした合理的説明については、実験結果にもとづいていて妥当性は九〇%をこえているが、なおどうしても不可知論になってしまう事例もある。人知の及びがたい現象は依然残されており、現代科学が究明し切れない領域が存在していて、依然として幽霊や妖怪の怪談をはびこらせているのである。

心霊研究の成果と限界

こうした領域については、西洋で発達した心霊科学がある。心霊研究では、霊魂の存在をありのままの形で記録したものを資料としている。その場合、一つの霊魂観を前提にしており、錯覚や誤認という解釈を認めていない。霊魂というものは、生者の肉体に宿っており、死ぬと肉体を離れて永遠に存在していく。

そして死霊の中には、人間に災いをもたらすケースもある。『徒然草』十九段に記された「亡き人の来る夜とて魂祭るわざ」という指摘は、室町時代に亡魂を鎮める祭りが大晦日の夜にあったことを示している。以前は死者の霊魂の祭りが、年の暮れから正月と、中元の前後の時期の二度あったことがわかる。仏教の介入はそのうちの盆に集中して、盆の魂祭りが固定したのである。

南方熊楠の「魂の入れかわり」

南方熊楠は、かつて熊野の山中で一人空腹のまま寝ていると、自分の魂が抜け出て一晩中、家の横側にある牛小屋の辺りをとびまわっている状態を数夜経験したことを語っている。これは寝ている間に、霊魂が身体より脱け出るという信仰によっており、世界各地で聞かれるテーマの一つだった。

A家で、ある男が死んで土葬されたあと、蘇生してふたたび、A家に戻されてくるが、ここは自分の家ではなく自分の家は別のB家だという。そこで男をB家に連れて行くと、Bの家人は生き返ってきた男のことをよく知らない。しかし男の方は、B家の者をよく知っているという。この〝原因〟は、B家では、同じ頃やはり葬式をだしたが、火葬にした。そのためB家の男は元の肉体に戻れなくなったので、たまたま近くで土葬にされたA家の男の身体に入りこんで、生き返ってきたためであった。霊魂が死体を離れて空中を浮遊しており、別の身体に入りこんだわけだ。この話は「魂の入れかわり」という現象であり、決して異常な例ではないと考えられていた。

南方熊楠の体験談は、生きている者同士で、睡眠中に魂が抜け出て入れかわることを暗示している。その場合、夢が媒介することがしばしばあった。『和漢三才図会《ずえ》』

巻七によると、寺の堂の縁側で、旅の男と土地の男とが雨宿りの最中に居眠りをしていたところ、急に呼び起こされた瞬間、魂が入れかわる。それぞれ自宅へ帰ったが、家族の者が本人であることを認めないため、ふたたび先の堂で一緒に眠り、同じようにして魂を元どおりにしたという記事がある。すべて居眠りしている最中の出来事なのである。

夢の中で目がさめて、空中を浮遊していたという記憶のある人は多いに違いない。鼻の穴や耳の穴から霊魂が脱け出て、蜂や虻に変じて空中をとびまわったという民話もよく知られている。いずれも夢見がよくて、おかげで大金持ちになったというのである。

この南方熊楠の体験談は、心霊研究の立場からも肯定されている。霊魂観の基本は、肉体は、霊魂が物質界で生活する間に使用する一時的な体に過ぎないとしている。そして死というのは、昆虫が幼虫から成虫に変わる際、古い殻から脱出して自由に大気中を飛びまわるように、霊魂自体が幼虫の段階を経て霊界で成長をとげるために肉体の殻から脱出する現象に過ぎないと解釈されている。亡骸《なきがら》という表現が、そうした現象をよく現しているが、亡骸を離れた霊魂の動きは明快である。たとえば幽霊は生前の姿をとったもの、また人魂のように球状になって出現する例もあるという。幽霊と人魂にはともに心の動きがあり、自分の意志にしたがって、望む場所を飛びまわることも可能だとされている（板谷樹「妖怪を科学する」『伝統と現代』昭和四十三年九月号）。

問題は信じるか信じぬかか

こうした心霊研究はそもそもアメリカに端を発しており、世界に共通する分野なのである。

日本においても心霊研究団体があり、日本古来の霊魂観についての研究も行われている。前出・板谷樹の「魂の緒《たまお》」についての解釈も興味深い。魂の緒というのは、霊魂がいったん身体を離れてからふたたび戻るときは、どんなに細くなっても切れないが、肉体がすでに亡骸となってふたたび戻れない場合には、細くなった魂の緒は切れてしまっている。すなわち魂の緒の切断は死を意味しているという。民俗学的な葬儀儀礼の一つに「魂呼び」がある。臨終間際に、家族が病者の名前を声高に呼ぶ、あるいは戸を開け、外に向かって呼ぶ、また屋根棟に上り、山の彼方に向かい名前を呼ぶといった事例が報告されている。事実、そのことにより蘇生する場合もあったのである。

『万葉集』第十六巻三八八九にある「人魂のさ青なる君がただ独り、逢へりし雨夜の葬《はふ》りをぞ思ふ」というのは、雨の夜、亡骸を埋めているとき、青い人魂となった君がとんでいたという不気味な場面である。「魂の緒」については、『新古今集』の「魂の緒よ絶えなば絶えねながらへば忍ぶることのよはりもぞする」という有名な一首がある。魂の緒により霊魂が肉とつながっていることが意識されていたのである。

こうした日本の古代の文献を検討すると、日本人の霊魂観の本質が究明されてくることも心霊研究の立場から明らかにされているのである。

魂の緒を媒介にして、生霊や死霊（幽霊）の実在を証明するという観点に立つと、それを証拠として提出できるのは、限られた霊媒＝霊能者ということになる。これまでの幽霊や生霊について記した『今昔物語集』や『宇治拾遺物語』などの実例も、実見した人間の資質が問題となる。一方ではそれを認められなかった人々も多くあり、実見なかった人にとっては、霊魂の存在はまったく無意味となる。そこで霊能者の説明を信じるのか信じないのかということが議論の岐れ目となり、科学の発達した現代においても同じ疑問が繰り返されているのである。

アニミズムとしての霊

霊魂観の問題を宗教学や民俗学の立場から検討すると、霊魂すなわち古語でタマと表現する現象は、アニミズムの概念に包括される。アニミズムの語は、霊魂を意味するラテン語のアニマに由来する。アニミズムという場合は、さまざまな霊魂に対する信仰全体をいうのであり、学説として登場したのは、イギリスの宗教人類学者タイラー（E.B.Tylor 一八三二～一九一七）が唱えたことにはじまる。タイラーは、死や病気、幻想や夢などの経験から、身体には霊魂があって、それが自由に離脱することを類推した。これは部族社会により顕著であり、宗教文化の原初的形態である。霊的な存在が、世界の森羅万象を操っており、それは非物質的であるが、人間的な実体でもある。人間は、自分の霊魂のほかに、周辺にある動植物や自然物に対して、霊魂の存在を認めようとするもので、そこに霊的存在に対する信仰体系が形成される。たとえば、人間の霊魂をsoul《ソウル》として、他の霊魂をspirit《スピリット》と表現している。そして生霊、死霊といった人霊のほかに、超自然的な神霊、動物霊などを含めて精霊崇拝という概念が使われている。

タマはどんな動きをするか

霊魂は、ふつうの人の眼には実体としてつかむことはできない。タマは自由に出現したり、消滅したり、変身したりすることが可能であり、人間や動植物にとり憑《つ》くと、そこに特別な性格が与えられて、個性が発揮される。人間がこの世に生をうけると同時に、その生命体に霊魂が宿り、生命を維持する活力となって働く。そして死とともに身体を離れていくという霊魂観が成立している。

こうした霊魂の動きを民俗学者、折口信夫は、外から付着した「外来魂」と規定し、それが身体から自由に脱け出せることから「遊離魂」とみなしている。外来魂や遊離魂を日本の古語ではタマと表現し、タマが発動すると、「たましい」になると折口は説明している。タマのこもる容れ物として、人の身体もあるし、器物でもへこんだ部分、岩石や樹木など、窪んでいたり、空洞になった部分が選ばれている。よく神仏に願かけをする際に、しゃもじやお椀、穴のあいた石などが奉納されている事例が多いのもその現れである。また、こんもり繁った森や、形状が特異な樹木、真ん丸い石なども、霊魂の形を想像してそこにタマが宿ると考えた結果と考えられた。

こうしたタイラーの学説で問題となるのは、アニミズムが文明からは遠い未開民族の宗教生活を説明するための概念であったことだ。つまり文明の発展に遅れた精霊崇拝はやがて進歩することにより多神教や一神教になるという一元的な進化主義をとったことであった。タイラーによると、アニミズムは低次元の宗教現象であるという考えである。この学説が日本で受け入れられ、当初は説明原理として用いられていた。

しかし次第にその傾向はなくなった。現代ではむしろ宗教のもっとも基本的な概念の一つとみなされている。

葬送儀礼に現れるタマ

古風な農山漁村に行くと、葬式のお通夜は数日かけて村中の者が集まり大騒ぎしている。遺体のかたわらで飲んだり食べたりするしきたりは、古くから伝承されており、古代の殯《もがり》をほうふつとさせる。それから野辺送りとなる。墓地に行って遺体を土中に埋めたあと、盛り土にわざわざ竹筒をさして帰る地方もある。この竹を「息つき竹」とよんでいるのは、霊魂がこの竹を通して遺体にふたたび付着することを願う呪《まじな》いと信じられていたためである。いわば「魂の緒」に類する呪具かも知れない。一方では、遺体の枕許にかみそりを置いて、猫がまたぐのを防ぐ。これは、猫が別のタマを運んでくると思われたからである。また野辺送りで葬儀の行列がお墓へ行く途中、地獄からくる「火車《かしゃ》」という妖怪が出現して悪霊を遺体に付着させるなどといって、夕暮れの時間帯をさけたりした。

死者の霊魂はどこへ行くか

森羅万象すべてにタマの存在を認めるアニミズムは、民俗宗教の基礎にあるものである。世界の諸民族ごとにそれほど差異のあるものではない。天体であろうと、地上の草木岩石、動植物などにそれぞれ霊が宿っていると信じられているが、その現れ方に、いわゆる霊威を感じさせるものが人間によっては印象深く記憶されるのである。もっとも具体的には人の霊魂であり、そのうちでも祀り手のない死霊の霊威は強力だったのである。

祀り手の子孫が丁重に供養している死者の霊魂は、遺体を離れ自由に飛翔するのであるが、ただ空中に漂うわけではなく、もう一つ別の世界に憩うものとされた。霊の行く先である他界の存在については、漠然とした地点が次第に特定化される傾向があった。それは軒の下とか草葉の陰のような、ごく身近な空間から少しずつ遠ざかっていった。たとえば山形県下には、モリ山供養とよばれる儀礼がある。盆の十六日に、モリ山とよばれる村の小高い丘に登り、先祖の霊とともに会食するという。村の老若男女が、各自卒塔婆《そとば》をもって小高い丘に行き、そこで先祖霊にお参りする。この日に限って祖霊は寺の墓地を出てくる。モリ山にやって来て、子孫と時を過ごすのだと古老は説明する。村寺が成立したのは、江戸時代だから、墓場は菩提寺に集められたけれど、霊魂の方は、なお村の小高い丘の上にとどまっていたと想像される。

こうしたモリ山供養は、規模が拡大されると霊場になった。もちろん仏教寺院がそこに関与するためであるが、その結果、複数のモリ山が連合して有名な霊場寺院を形成することになる。おそらく各地の霊場は、そうしたモリ山が拡大したものであろう。巨大化したモリ山というと、地域の霊場が相当しており、山形県下の事例では、各地のモリ山が重層的に祀られていって、その中心に月山《がっさん》とか山寺の立石寺が位置していた。青森県下の場合だと下北半島の恐山《おそれざん》が相当する。恐山にはよび戻された死霊が、具体的にイタコ、ゴミソ、カミサンなどとよばれる巫女や行者の霊能者に憑依するという現象、すなわち口寄せ習俗が盛んである。

全国的には長野県の善光寺や三重県の朝熊山、和歌山県の高野山などが多数の信者を集めている。そのベースには死霊とくに先祖の霊の集う場所という認識があったのである。

「タマ」に対する態度

冒頭でも述べたとおり、都会人が正月と盆には、故郷に戻るという慣習は、古くからあったが、それは故郷で死者の霊を迎えることも目的であるが、もう一つは、故郷になお健在の両親に会い、親子がお互いに霊魂の力を強化するという目的もあった。

盆のことを生見玉《いきみたま》とよんでいたのは、そのためである、生見玉は、生霊をさす語である。子供たちが、親に何か品物を贈答することにより、老いた「タマ」は、若々しくなるのである。もちろん盆には、他界から死霊もやってくる。よく「地獄の釜の蓋が開く」といったのは、盆にあの世の浄土や地獄などから、霊魂が出現してくることを表現しているのである。

盆礼に見られる祖霊と怨霊

盆の儀礼を順序よくみると、まず七月七日には、墓から各家に至るまでの道をきれいに掃除したり、井戸や池をさらったりした。いずれも来臨する祖霊を迎える準備なのである。次に、盆棚づくりが重要で、これは四本の竹棹を四隅に立て、その上に板を置くという単純な棚であるが、その上に位牌などを仏壇から出してきて供えた。そして盆の供物は、畑作物が多いことに特徴がある。盆には米でつくった食物はあまり用いられないのである。迎え火を合図に霊魂が訪れてきたと人々は認識した。それから三日間、祖霊は子孫とともに過ごすことになる。盆花や、ナス、キュウリでつくった馬などは、ともに祖霊の依代《よりしろ》とみなされるものである。依代は、霊魂を招き寄せ憑依させる道具であるから、そこには遠方より迎えられる祖霊というイメージは明らかなのである。

このほかに注意されるのは、無縁仏に対する信仰である。盆棚や精霊棚《しようりよう》の一隅に、別にあつらえた小さな棚が設けられている。これは祖霊ではなくて、祀り手がいないと思われる無縁の霊をもてなすためと説明されている。寺ではこうした無縁仏のために施餓鬼会《せがきえ》を行っていた。無縁仏を丁重に祀るならば、祟りは起こらないが、日頃無縁のまま粗略に扱っていると、もろもろの災因になりかねない。

酷暑から初秋にかけて、人々は夏の疲れがどっとでて、何となく体調が悪くなる。その原因は、祀られていない霊の無縁仏によってもたらされたという解釈が自然になされてきた。悪霊や怨霊、御霊《ごりよう》とよばれる系統の霊魂は、善霊ではないので、人々から恐れられたのである。道の境界点に祀られている道祖神などは、仏教の地蔵と同様の存在であるが、特に境にあって別の世界に落ちてしまう子供の霊を守ることから、さらに、さまざまな災厄を除くという意味があった。

盆行事における霊魂観については、特に怨霊の行方が重視され、念仏聖などによって代々鎮められていたと考えられている。盆踊のルーツは、そうした怨霊鎮めのために南無阿弥陀仏を唱えながら身ぶり手ぶりのわざおぎをする念仏踊にあると考えられている。

ハイテク社会に生きる霊魂

日本の霊魂は、タイのピーとか、ミャンマー（旧ビルマ）のナット、マレーシアのハントウなどという精霊と似ている。アニミズムは人類に共通の現象であることは明らかであるが、日本の場合、その現れ方に一つ傾向がある。たとえば現代の都市生活にも、アニミズムの要素が指摘できるのである。自動車や電気洗濯機やワープロ、パソコンに至るまで、そこに霊魂がこもると考えているから正月にお飾りをつけたりする。この伝統は、古く道具にカミが宿るとしたツクモガミの現象にも共通するだろう。かつて便所神として人形を祀ったり、台所の水道の蛇口や、火所のカマドやコンロなどにも御幣を供える風習があった。

現代人にとって、それは迷信の類なのであるが、それでも無視されてはいない。アニミズム的心性が依然日本人の心の底に横たわっているとみなされるゆえんでもある。こうした心性をベースにして高度のハイテク社会が成り立っているのであり、日本人の霊魂観を語る際にそのことは見逃せないのである。

人の生死を決める霊魂観は変わるか

死後の霊魂の行方

民俗学者の最上孝敬氏が千葉県長生郡の一農村で、昭和二十六年の暮れに、興味深い霊魂についての聞き書きをしている。

それは、葬式でいよいよ出棺にあたって、家の子供が米一升を藁でつくった苞《ツト》に入れたものを持ち、村の三叉路まで行き、そしてふたたび戻ってくる。それから出棺となる。このツトは、出棺後は仏壇に飾っておき、葬式終了後の翌日、寺へ持参したという話である。

これに類する風習がその後、千葉県下の各地で聞かれている。出棺前にツトに入れた米包を蓑・笠と一緒に屋敷の入り口に持ち出して、近くの木の枝にかけておく。野辺送りに際しては、この米包を持った組合の人が行列の先にでて、すぐ後戻りして棺とすれちがう形をとる。そして翌日にはこの米包を寺へ持って行く。まず、出棺の前に先立つことが原則で、次に寺院へ持って行くという習俗は「霊送り」とよばれていた。

枕飯・枕団子・四十九餅の意味

この霊送りのときに使われるのは、米の入ったワラツトである。この場合、米粒にマジカルな意味があることは想像される。死を迎えて遺骸から霊魂が離脱したとする観念が前提になるが、外部に浮遊している霊をツトの袋状の中にとじこめ、形のある米粒をそこに入れる。米の呪力はその袋の中に、死者とは別の霊魂、つまり悪霊を近づけさせないと考えたのである。

「枕飯」や「枕団子」も同様の発想によっている。これは全国的な風習である。人が死ぬとすぐに飯を炊いて枕許に供える。または米で団子をつくる。生のまま餅のようにして供える土地もあった。亡くなったらなるべく早くつくるのがよいということで「ハヤオゴク」(早御供)といったり「ハヤダンゴ」「ジキノメシ」などとよばれる。これによって霊魂を送りだす意図があったらしい。出棺のとき、枕飯を一緒に持って行き墓上に置いてきたり、ガキ仏にあげると称して四方に投げたりする。要するに、死者の霊があの世に旅立つことを暗示している。

一方、農村部では現在でも行われている「四十九餅」の風習は、枕飯・枕団子の趣旨とはちがって、四十九日間、霊魂がとどまっていることが示唆されている。四十九日目はちょうど忌明けの日であり、喪家にかかっていたケガレが解除される。それはこの四十九餅を寺へ持参することから想像されるのである。

別の事例では、四十九餅をつくり身内の者や知人に分かち与える。これは身内の者だけで一つの餅を小さく分け合う意味で、霊魂を分霊させているのかも知れない。これまで喪家で供養された霊はいよいよその家を離れることになるからである。

四十九餅については、以前、遠野で聞いた言い伝えで興味深い事例があった。

それは、野辺送りの前に、死者と同じくらいの背丈の餅をついておく。そしてその餅をのして人形《ひとがた》にしておくのだそうだ。そして四十九日経ったあと、近親者が全員集まり、人形の餅を細かく切って、各自で食べ合うのである。今日、人形の大きさはだんだん小形になり、一尺ぐらいの丈になったが、やはり細かく割り、分け合っている。本来はそれを分けてから食べるので、あたかも死者そのものを食べたような感じになったという。

人形というのは、そこに霊魂がこもって存在価値がでてくる。祭りのだし物の人形などは、ご神体として扱われるが、そこに一時的に神霊が憑依しているからである。そうすると、あるいは四十九餅は、死者の霊肉を模したものと考えられていたのかも知れない。

霊魂はしばらくの間、家の棟を去らずにとどまっていて、生者の近くに居て、甦る機会をうかがっている。葬儀というのは、喪家にとどまる霊魂が骸《むくろ》に戻ることができるように、また別の邪悪なものが、死者の骸に入りこまないように対処する技術なのである。古代の葬儀である「モガリ」（殯）にはその趣意がよく表現されていた。

遺体の扱いに現れる霊魂観

新潟県岩船郡山北町の山奥の村で大正から昭和ごろまで行われていたという民俗学の高岡功氏による「葬儀の話」は大変印象深い。これは、病人の息が絶えたと思われると、まず病人が寝ていた布団の上にむしろをかぶせてしまう。次に、敷き布団の上にむしろを二枚重ねにして折り敷き、座ぶとんのようにして、その上に死者を起こして坐らせる。両手は前方に組み合わせて、わざわざ両手首を縄でしばった。つづいて足首と太ももをやはり縄でぐるぐる巻きにしてから着物を着せ、その周囲を別のむしろですっぽりと覆ってしまう。はたからみると、ちょうど円錐の形をした天幕のようになる。その天幕の裾のところをまた荒縄でしばって、その傍に、刀か鎌のような刃物を置く。その後、知らせをうけた近在の者たちがやってくる。そして坐っている遺体に向かって礼拝する。夜はお通夜で村の老人たちが念仏を徹夜であげてくれた。むしろに覆われた死者は翌日の昼過ぎまでその状態のままである。午後になると、湯灌となる。そこで死装束に着替えさせて、棺に入れる。それから墓地に埋められるのである。

湯灌する以前は、まだ死者という認識は少なかった。むしろ遺骸がいつか甦るかも知れないという期待がもたれていた。三角錐の覆いの中に置かれた遺体は荒縄で要所要所が縛りつけられ、覆いの中に邪悪なものが入らないように、また霊魂がその覆いの内側にとどまっているように配慮されていたのである。

この話は、古代のモガリを想起させる。神話に記された天若日子《あめのわかひこ》の葬儀において、死者の枕許に、生前の死者と同様の扮装をした尸者《ものまさ》が坐していた。この尸者は死者にかわってもっぱら供物を食べる役である。死者の代行をすることによって、生と死の境界のあいまいな状態を象徴しているのである。まだ「死」を明確に断定していないことがわかる。つまり霊魂はこの間、遺体と不即不離の関係にある。

「死」は、肉体から霊魂が離脱したことを意味している。その際、息の出入り口としての口や鼻が、魂の通路と思われたのはごく自然であった。

また、「耳ふさぎ」と称する習俗もある。同年齢の者が、同じ村内で死んだ場合には、急いで餅をついてこれを耳にあてたという。これは、同じ年齢の者同士に通じ合う霊魂の相乗作用を避けようとする呪法なのである。耳の穴が魂の通路にもなっていることがわかる。

いったん呼吸が止まっても、離脱した霊魂は空中から戻ってくるという経験が、人々の記憶に牢固としてあるのだろう。だから、「死」を明確な基準で断定できないでいる。しかし伝統的な死の儀礼からいうと、まず、離脱した霊魂を呼び返す「魂呼び」の呪法にはじまり、前述のような古代のモガリの残存といえるお通夜になる。参会者は別火でつくった食物を喪屋で共食する。死者を囲んで行う大宴会になるのが原則であった。その折、騒音をたてるのは、そのことによって、霊魂を喪家にとどめておく目的だった。

臨死体験は何を語るか

前号でも触れておいたが、通夜には肉体に再び霊魂を取り戻そうとする目的があった。もう一方では、霊が荒れないようにもてなす呪法とも考えられた。死後しばらくは、喪家で霊は祀られていて、やがて野辺送りとなり、墓地に運ばれる。

そうした流れをみると「魂《たま》よばい」という習俗は、明らかに霊魂の存在を、参加者すべてが認識しているところから生じたもので、理屈では割り切れない。霊魂をできるだけ骸の近くに引きつけようとする。それが無理でも何とか鎮めておこうとする。遺骸の枕許に一本花や紙花を飾るのは、いったん遺骸から離れた霊が一時的にとどまれる依代《よりしろ》としての機能がある。のちにこれは「位牌」という形式にまとめられることになり、霊魂がその位牌に付着するという潜在意識が秘められているのである。

これらが科学的に証明されることは難しいが、「死」という観念はひとえに霊魂との関わり方からみると、以上のような説明になってくる。

臨死のフォークロアを読む

ところで、近年、脳死を人の死とみなすことの当否が日本国内で論議の対象となっている。心拍の停止、呼吸停止、反射消失という死の三徴候は、近代医学からの説明であり、脳死はその基準に対して根底的な見直しを迫られる形となった。

明治以前の日本では、右の三条件のうち、呼吸停止については敏感だった。息＝いきは、生＝いき、に通じる語である。つまり生きるとは呼吸すること、息をしていることであるから、息をしないことが重大なのである。しかし「息を吹き返す」という表現もあるように、呼吸停止があっても、そのまま「死」にはならないという状況を体験した事実譚も多くあり、それが臨死体験ということになる。

臨死のフォークロアは日本では他民族とくらべて相対的に多く語られていた。柳田國男の『遠野物語』には豊富な事例がみられるが、仮死状態の経験の内容がきわめて類型的な点は興味深い。

《自分は体がひどくだるくて、歩く我慢もなかったが、向こうに美しい処があるように思われたので、早くそこへ行き着きたいと思い、松並木の広い通りを急いで歩いていた。すると後の方からお前達の呼ぶ声がするので、なんたら心無い人達だと思ったが、段々呼び声が近づいて、とうとう耳の側に来て呼ぶので仕方なしに戻って来た。引き返すのが大変嫌な気持ちがしたと。その人は今では達者になっている》(『遠野物語拾遺』一五五話)

死の世界は美しい場所で、お花畑であったりする。お寺の門をくぐった場所とか、川の向こうといった点が共通している。いずれも骸を離脱した霊が経験していることを物語っているのである。

あの世へ行き蘇生した人の話

あの世へ行って蘇生した人のことを、沖縄では「後生戻《ぐそうむど》い」とよんでいた。特に民間祈禱者であるユタが介在している事例が多い。次のような話もある。

沖縄本島北部の喜如嘉というムラで、ユタの老婆が墓の中へ歩いていく若い娘をみて、これはイキダマ（生魂）であることを知り、若い娘をとどめて、娘の家に案内させる。入り口で女の姿は消えた。家人は、その娘は今はこの家に居らず、本土の紡績工場で働いているという。ユタは今、娘のイキダマが墓の中に入ろうとしたので助けたいといい、拝みを行って、抜け出たタマを元へ戻した。ちょうどそのとき、本土の娘は重病にかかっており、意識を失っていた。沖縄でユタが拝みをしているときに、白い衣装の老婆が娘の枕許に現れた。この娘は、虫を二つ吐きだせば命が助かると言った。その後この娘が白い虫を二つ吐きだすのを看病していた人が見たという（新城眞恵『沖縄の世間話』青弓社・一九九三年刊）。

生死の境をさまよう時の出来事について、臨死体験のレポートが一つの語りとなる必然性は、このような霊魂観と関わっている。

南方熊楠も、熊野地方で、人が死んだ折、いそいで枕飯を家人が炊いている間に霊魂が妙法山へ詣でるという言い伝えを記している。その霊は人の形をとり、山に登る途中、茶店に立ち寄り食事をしてから、かならず食椀をふせて、お茶は飲まないで去って行くという。以前、病人が死ぬ前に寺に行って茶を飲み、死後はお茶を飲まないとする説があったが、それが分離して別々の話になったのではと南方は説明している（『郷土研究』大正三年十一月）。

これは死の直後、霊魂は肉体を瞬時に離れ、いったん寺や霊場に行くことにより、悪霊化しないことを意味しているのだろう。再び家に戻った霊は生者たちから、ねんごろな供養をうけ、安定した状態になって、いよいよ墓地に向かい、墓前で肉体と完全に分離することになる。

若者に伝わる現代霊魂譚

函館にある函館大妻女子高校の久保孝夫教諭が、女子高校生たちが語っている不思議な話をまとめて一冊の本にされているが、そこにも随分数多くの霊魂譚が語られている。それらは『遠野物語』や南方熊楠が集めた話などと大差ないことが注目される。ということは、こうした霊体験は、人間の脳の一部に原体験としてインプットされているものではないだろうか。それがどの時点でされたのかはさだかではないが、悠久なる太古のときより、人類が大自然と遭遇した際にさまざまに出会った経験が沈澱し堆積しているままで、人間社会に世代を超えて伝承されているのではないかと思ったりする。

次に、女子高校生の話を久保教諭の採録したことからアトランダムに二例あげてみる。

生きかえったお祖父さん　友達から聞いた話です。お祖父さんが亡くなったので、お通夜をしていました。お祖父さんの顔に白い布が、かぶさっていました。その近くで子供が一人遊びをしていました。他の人はみんな忙しくいろいろやっていました。ふと子供のお母さんが来て、お祖父さんの顔を見たら白い布が落ちていたのです。風かなんかで落ちたと思い布をかぶせ、また用足しに行ってしまいました。しばらくしてまたお母さんがもどってきたら、また布が落ちていました。そしてお祖父さんの目が開いていました。お母さんはいたずらだと思い子供をしかりつけましたが泣きながら否定するもんだから、おそるおそる話しかけてみました。「お祖父さん?」。するとお祖父さんはまばたきをしながら、「あん?」と言って生きかえったそうです。そのお祖父さんの話によると「自分はまだご飯を食べる回数が少ないからもどれ」と大男か誰かに言われて気がついたらこの世だったとのことでした。そしてお祖父さんは一年後にちゃんと死にました。

三途の川　私が小学生の時、母から聞いた話です。母は小さい時、病気で意識不明の重体になったことがあるそうです。その時、母はお花畑に自分が立っている夢を見たそうです。お花畑の近くには大きな川があり一艘の船が浮かんでいて、その船に乗ろうとした時、川の向こうで死んだお祖母ちゃんが、「この川を渡ってはだめ。こっちは死の世界だから来てはいけない」と言ったそうです。母はその川を離れてから間もなく意識が戻ったそうです。母は「きっとあれが三途の川だったんだ。もし、川を渡っていたら死んでしまっただろうね。お祖母ちゃんが助けてくれたんだ」と言っていました。（ともに久保孝夫『女子高生が語る不思議な話』一四二〜一四三頁）

前者のケースでは、いったん死んだと思われていた祖父が、安置されたままの状態で生き返った。顔を覆っていた白布が二回落ちて祖父が眼を開けていたという事実があった。祖父は甦ったが「自分はまだ飯を食べる回数が少ないから戻れ」と、こちらの世界に引き戻されたというのである。この微妙な時間帯に孫が祖父の枕許に坐っていたことも偶然といいながら祖父母と孫の特別な関係を示しているのかも知れない。

後者の話は、ある程度まで仏教の知識が介入していることがわかる。重体になり本人は意識不明であるが、脳の働きは一つの体験を記憶に残した。それはお花畑に立つ。

近くに大きな川と船がある。川向こうに以前死んだ祖母、この川を渡ってはいけないという警告があり、意識が戻り、甦った。

二話とも典型的なフォークロアとなっており、聞く人もそれほど違和感なく受けとめられているのだろう。

死と霊魂と遺骨の関係

現在、法案が通った臓器移植法のことも、その前提にある脳死の位置づけが不分明である点に批判が集中している。法案が通ってもなかなか国民的合意を得られないでいるのも、脳死がこうした霊魂観と十分に整合しきれないでいるためである。脳死になっても霊魂がまだ自由自在に出入りしているのではないかという疑問を棄て切れないでいるのである。

もはや霊魂が戻る場所がないという認識があった時点で「死」は成立したと考えられる。

日本は元来、土葬の国柄である。しかし、東京も明治になって都市に公園墓地が普及するにつれ、火葬の方が広まってきた。火葬で瞬時に焼かれて霊魂の戻る容れ物が完全に消滅することに、大きな抵抗感はあったが、遺骨尊重の思想が基本にあるので、骨の周辺になお霊魂がとどまるという文化伝統はまだ強く残存している。

心の安定もたらす霊魂の役割

日本文化における霊魂観は、奥行きの深いものがある。魂が活動する状態をタマシイといったりタマフリと称した。そして活動状況は大きく和魂《にぎたま》と荒魂《あらたま》に分類された。これは神々の魂についてである。神のベースにあたるタマのあり方に二種類あり、それぞれはタマ→カミ（神）に転じる段階で善神と悪神の別になる。また、和魂はつねに守護霊として身近に存在している。しかし荒魂は外で荒々しく活動するため、鎮められる必然性がある。人間の霊魂についても、同様の考えが投影しており、人間の身体には、和魂の守護霊がとどまっていると思われている。しかしひとたび体内を離脱すると、それは荒魂の働きをすることがある。御霊や怨霊という表現がそれにあてはまる。しかしそれは供養や祭りをうけて安定して鎮まる。

こうした解釈は霊魂をあくまで人間に引きつけてその内側に取り込もうとする考え方であり、そうすることによって生者自身が心の安定をもたらすという人間の知恵の然らしめるところなのである。

あとがき

福島県いわき市の東湯野地区に先祖代々住む小原家や永倉家には古くからの便所神の信仰が残っている。正月十四日に、「ごけ神様にあげる」といって、団子をさした小枝をわざわざ供え、十五日にも小豆粥をつくり、ごけ神様に供えるといわれている。特に永倉家では先祖代々十五日の早朝、便所の前にむしろを敷いて、ごけ神様にお膳を供えた。小原家の方では、十五日には紙で男女の人形をつくった。こよりと藁みごで眼鏡のようにして雛の肩にかけて家族の人数分だけつくり、小豆粥を供えていたという。これには流行病をよける呪いという説明がついている。ごけ神様は、これを日常的に信仰すれば、女性は病気にかからないという言い伝えも残っていた（『いわき市史』第七巻、民俗・いわき市、昭和四十七年）。

ごけ神は後架神とも書き、全国的には便所神にあたる。排泄物を処理するご不浄というイメージは、便所を祭場とする意識の中にはもちろんあり得ないわけで、便所という空間が神霊のこもる聖域とみなされていたことが、便所神の儀礼をみると示唆されている。男女二体の人形を安置するという風習がよく聞かれるのは、人形が一種の形代《かたしろ》であり、それを毎年つくり替えることにより、家内にこもる悪しきものを払い去るための呪具なのであろうが、それはそのまま便所神のご神体とみるようになっている地域が多いのである。

日本人がどんなところにも精霊が宿っていることを認めている民族であることは、これまでも民俗学や文化人類学、宗教学の立場から十分に説かれてきた。そのことは昔も今もほとんど変わらない状況であり、年に一、二回は墓参りしたり正月に初詣をするという人たちが、世論調査をするたびに年々増加するという統計上の結果もでている。

読売新聞社が一九八八年七月に実施した世論調査の結果をみると、墓参りと初詣に参加すると回答した人たちは、昭和五十四年と五十九年の調査時点にくらべて増加しており、今回が最高記録を示した。ちなみに墓参りは七九%、初詣は六九%であった。さらにしばしば家の仏壇や神棚に手を合わせるという人は五六%、身心安全、商売繁盛、入試合格などの祈願をしに行く人は三七%と、いずれも前回、前々回にくらべ増加傾向を示していると説明されている。

世論調査の「信ずるもの」の項目で、「仏」が五〇％、「神」が三九％、神仏ともに四十歳、五十歳代が高率を示す傾向がある。こうした数字からただちに日本人の信仰を速断することはできないが、やはり一つの傾向があって、それは神仏や祈願を含めて霊的な世界に対する関心度が相対的に高いものだという点である。

今夏（一九八八年）東京で「火の玉シンポジウム」が開催され、それはいわゆる人魂の正体を科学的に究明する試みの一つであり、新聞紙上に報告され話題をよんだ。早稲田大の大槻義彦教授を中心とした調査・分析はなかなか興味深く、おまけにマスコミを通じて人魂の情報が二千件以上寄せられたということだから、人魂に対する関心はやはり昔も今も変わらないということであろう。大槻教授は、昔ながらの「火の玉はリンが燃えている」という説を否定し、火の玉の光は放電現象の影響とみて、「放電によるエネルギーで空気中の原子の中の電子と原子核がバラバラになってプラズマという高エネルギー状態になり、発光するのではないか」という説を有力視している（『読売新聞』昭和六三・七・一四）。さらに実験装置で火の玉をつくることに成功したことも報告されていた。

「幽霊の正体見たり枯尾花」というように火の玉も人魂でもなんでもない放電現象で片がつくことになるらしい。しかし幽霊は枯尾花であると頭でわかっていながら、人はどこか心の底で「ことによると存在するのかも知れない」というあいまいな気持ちをいだいているのではないだろうか。「人魂」と記さず「火の玉」として説明することに納得しながらも、まだどこかで「ことによったら」という意識を持続させているのではないか。先の「火の玉シンポジウム」の記事のしめくくりには、火の玉を何回も見たという老婦人が「私、あの世にいったら火の玉になって時々はこの世にもどってこようと思っているのに、「プラズマ」なんかだったら困ります」と語ったことを記している。この問題は、根が深く、かつて妖怪の実在を否定した井上円了の立場と、妖怪から人間の恐怖感をとらえようとした柳田國男の立場との相違にまでつながるのであろう。

本書が『霊魂の民俗学』というタイトルをとっているのも、私自身が霊魂の実在を前提とする民俗のあり方に対して関心をもっていたからであり、実際各地の民俗資料を再構成して生活文化史を組み立てようとすると、どうしても霊的なものとのつながりを配慮する立場に立たざるを得ないということにならざるを得ないのである。

本書を構成する七篇のうち、六篇までは、最近あちこちで講演した口述記録であり、内容自体はこれまで主張し書いてきた部分と重複する部分も多い。ただ時と場所をかえて話しする機会があっても、何か共通して霊的な世界について触れるような箇所が無意識裡にとらえられる感じでもある。全体に啓蒙的な内容に終始しており、いろいろと突っ込みが不足しているのが気になるけれども、現時点で民俗研究に携わっている者の一つの立場が自分自身で説明できれば幸いと考えている。

そのような点を了解された上で、一書にまとめ上げられるようご配慮いただいた日本エディタースクール出版部の吉田公彦氏と編集の長井治氏には深く感謝の意を表したいと思う。

一九八八年十一月

宮田　登

洋泉社版解説

「常民」としての自己発見を誘う個性豊かな民俗学者

小松　和彦

宮田登さんが亡くなったのは、二〇〇〇年二月のことである。六十三歳の人生であった。その学問人生において、『霊魂の民俗学』と名づけられたこの本は、どのような位置や性格を占めているのであろうか。改めて読み直しながら、そんなことを考えてみた。

この本の原本は、一九八八年に刊行された。収録された文章のほとんどが各地でおこなった講演の口述記録である。時期は一九八〇年代の中ごろに集中しており、宮田さんが学問的にも年齢的にも円熟してきた時期と重なっている。

宮田さんは、学問の出発点から終生、庶民のなかに生きる「神」もしくは「霊魂」の問題を考え続けていた民俗学者であった。つまり、柳田國男や折口信夫などによって提起された民俗学出立期以来のもっとも基本的課題に、宮田さんなりのやり方で真正面から取り組んでいたのである。私の考えでは、多数に及ぶ宮田さんの著作のすべてが「神観念」（霊魂観）というキーワードのもとに収斂する。宮田さんの民俗学は、日本人の霊魂論、神観念論であった。

それでは、宮田さんなりのやり方とは、どのようなやり方であったのだろうか。それは一言でいえば、「人生儀礼」への着目であった。宮田さんは、多岐多様な様相を呈して捉えがたい日本人の神観念や霊魂観を統一した視座から把握するために、とりあえず日本人の人生儀礼を基底として立ち現れてくる「神」や「霊魂」を考察しようとした。

たとえば、本書の「I　日本人の一生」の末尾を、次のように締めくくっている。「日本人の一生に対する人生観は、こういうように霊魂との関係でとらえていきますと、人が生きているかぎり共有できる深層心理をもって伝えられていくものではないでしょうか。形は変えられますけれども、それに接する気持ちはそれ程変わらないものなのではないかと思うしだいです」。

こうした発言を読んで私が想起したのは、この本の十年前に刊行された『神の民俗誌』（岩波新書、一九七九年）と、十年後に刊行された『冠婚葬祭』（岩波新書、一九九九年）である。

宮田さんは『神の民俗誌』の「はじめに」で、次のように述べる。

日本の神や仏についての研究は、従来も数多くある。それには立場が二つあった。一つは伊勢や出雲など神社神道が確立されて、理論的にも体系だった信仰をひもとくやり方である。他は名社大社の類はさけて、町や村の道ばたに何気なく放置されている正体不明の小祠を拠点として研究するやり方である。民俗学的立場はもちろん後者にのっとるべきものであるが、実はその対象は、ここで指摘したように、あまりにも雑然としており、かつ小祠ごとに、さまざまな人々の心の動きが背景にあって、複雑である。それらを一つ一つ丹念に資料化してきた民俗学の蓄積があるが、その中から日本人の神とはどういう性格をもつものかという課題を究明することは、至難の技だといつも思う。（中略）本書ではそこで、ゆりかごから墓場までの日本人の一生の折り目に合わせて、そのつど、人がどのような形で神を作り上げていたのかを考えてみることにした。だからまず出発点は、人が誕生する折に、神がどう対応するかを考察することになるだろう。

この文章には、宮田さんの終生究明し続けていた課題が奈辺にあったのかが如実に物語られているといえるだろう。すなわち、宮田さんは、ゆりかごから墓場までの日本人の折り目つまり「人生儀礼」に焦点を合わせ、そこに表象される具体的な「神」や「霊魂」の姿を手がかりにして、日本人の「神」あるいは「霊魂」とはどのようなものかを明らかにしようとしていたのであった。

ところが、不本意にも、『神の民俗誌』では、「本書では、出産から子育て、そして成人、結婚、社会生活、そして死に至るまでの儀礼と神の関わり方をとらえようとしたものである。ただ最初のウブ神の存在があまりにも大き過ぎた。運命を司り、血穢を恐れないからだ」と述べるように、人生儀礼の出発点である誕生をめぐる儀礼と神(ウブ神や性の神など)観念との関連の議論にほぼ終始する結果となり、成人儀礼や葬送儀礼にまで説き及ぶことはできなかった。

この積み残したままになっていた課題に答えることができたのが、生前最後の著書となった『冠婚葬祭』であった。宮田さんはそのことを『冠婚葬祭』の「あとがき」で、「本書は、『神の民俗誌』の姉妹篇のつもりで書かれた。とりわけ人生の儀礼の基底にかかわる日本人の霊魂観の究明をも意図したのである」とはっきり述べている。また、この『冠婚葬祭』の「序」では、その本の、言い換えれば自身の研究のエッセンスを、次のように書いている。

日本人の一生には、生まれてから死ぬまで、さまざまな儀礼が仕組まれている。それを人々はハレの日と心得ていて、儀礼に参加するわけだが、そのさい必ず前提としてケガレの状況が、それぞれ個人のレベルでともなっているのである。ケガレの排除ということがいってみれば冠婚葬祭の一つの目的であり、その深層には人間の霊魂の安定化が図られる必然性があったのである。霊魂というのは、さまざまな言い方があるだろうが、この世に生きて死に、またよみがえることを原則としている。そのことは人間の生きる支えでもあろう。（中略）冠婚葬祭を表面的な儀礼とするなら、それぞれの儀礼の基底に、人々が自己の霊魂をいかにコントロールするかという営みが見られるのである。

それでは、「人生儀礼」に焦点を合わせることで浮かび上がってくる「霊魂」（神）および「人生儀礼」を貫く特徴は何なのだろうか。上述の引用にも示されているように、それは「ハレ」と「ケ」と「ケガレ」、とりわけ「ケガレ」の問題であり、これに対応する「キヨメ」いいかえれば「生まれ清まり」、「再生」の問題であった。宮田さんは、日本人が考える霊魂とは、このような概念でとらえられる運動のなかで生起・衰退を繰り返している、と把握していたのである。

このようにみてくると、多数の著作に埋没しがちであるが、宮田登の学問を考える上で、『神の民俗誌』と『冠婚葬祭』は小さい本ではあるが、きわめて重要であることがわかる。そして、この二冊の本の中間の時期に出された『霊魂の民俗学』には、『神の民俗誌』で問題提起しながらも、中途半端なまま終わった課題が、『冠婚葬祭』へ向かって膨らんでいく思考のまさに醸成の様態が、本音も含めてやさしく説き示されているということが明らかになる。

おそらく、宮田さんの学問におけるこの本が占める位置や性格の概略は、右に述べたことに尽きるのではなかろうか。

しかしながら、この本は宮田さんの別の側面の片鱗をうかがわせているという点でも興味深い。それは講演者としての宮田さんである。冒頭で述べたように、この本を構成する文章のほとんどが講演記録である。よく知られているように、宮田さんは執筆活動の合間を縫って、依頼されるままにさまざまな団体や地域で講演をおこなっている。その生涯における回数は、本人さえも覚えていないほどおびただしい数にのぼるだろう。この本に収められた記録は、たまたま編集者の目に止まった一九八〇年代中ごろの講演記録である。

民俗学者と称する人たちの間で、宮田さんのようにたくさんの講演をした民俗学者を、私は知らない。なぜ宮田さんのところに講演が集中したのだろうか。なぜ宮田さんはそれに可能な限り応えようとしたのだろうか。じつはこのような側面からの宮田さんの評価はほとんどなされていない。しかし、民俗学の行く末を考えるとき、こうした側面からの検討もなされてしかるべきかと思う。

宮田さんの講演を何度か聴いたことがある。とくに話芸に優れていたわけではないが、日本文化の古今にわたる博識から連想ゲームや尻取りゲームのように次々に繰り出される数々の話題や民俗事例は、わずか一時間ほどの間であったにもかかわらず、この列島の文化史の未知の領域に誘い込まれた気分にさせる力が十分にあった。柳田國男や折口信夫などの巨匠の学説を紹介し、それに近年の研究成果を補足的に紹介することで、民俗的世界へと聴衆を誘っていくのである。主催者や聴衆の側では、柳田や折口らの民俗学の研究成果や新奇な民俗事例や文献資料をかみ砕いて紹介されるのを耳にしながら、自らが生きる地域の民俗を改めて確認して肯いていたかに思われた。聴衆もまた、「常民」であることを確認したがっているわけである。

ようするに、宮田さんの講演は、自説を展開してそれを聴衆に押しつけるわけではなく、たくさんの研究や民俗的資料を交通整理しながら提示することで、聴衆の民俗的・霊的な感性に同調しながらそれを揺さぶり、民俗的な文化をもった人間つまり「常民」としての自己を発見させることにあった。さらにいうと、そうした民俗を現代に生かすことさえも考えていたのである。たとえば、ある講演で、花祭りの「生まれ清まり」という文化装置(儀礼)に言及して、村を離れた者のみならず、「よそ者も、その中に入れてもらって、生まれ清まりの儀式に参加させてもらえるような形になりますと、日本列島全体が精神的に再生していくのではないか」(本書、一〇九頁)と述べている。講演という場での、いささか大げさな、リップサービスともいえる物言いになってはいるが、宮田さんの本音が吐露されている発言だともいえるだろう。そして、こうした宮田さんの講演の際の基軸となっていたのが「人生儀礼」と「神」(霊魂)であり、「ケガレ」、「再生」、「生まれ変わり」であったわけである。

ところで、私は、生前の宮田さんと幾度となく民俗学の課題を語り合う機会をもった。そこでつねに話題になったことの一つは、民俗学の使命は、日本人の生活文化のなかに無意識のかたちで醸成されている「神」や「霊魂」の様態を、豊富な資料をもとにできる限り論理的に提示することにある、ということであった。宮田さんはそれを「人生儀礼」というところに基軸を置いて展開し、私の場合は「異界」というところに基軸を置いて展開していたわけだが、考えてみれば、人間が人間として生きる限り人生儀礼はその表層的内容がいかに変化しようと存続するという宮田さんの考え方と、人間が人間として生きる限りどこかに異界を作り出すという私の考え方には、共通する面が多く、しかもその細部に立ち入ったときには、異界なくして人生儀礼を語れず、異界論も人生儀礼に言及することが多いことがわかる。異界と人生儀礼は表裏の関係にあって、双方とも「神」とか「霊魂」という観念で切り結ばれているのである。

そんな宮田さんが抱いていた晩年の不安は、最近の民俗学が草創期以来の基本的課題としてきた「神」や「霊魂」の問題をだんだん考えなくなってきたことであった。「神なき民俗学」——民俗学という学問の基底から「神」や「霊魂」の究明ということが抜け落ちたならば、それは果たして民俗学といえるのだろうか。

宮田さんは、現代人のなかにも、未来の日本人のなかにも、その基底において「神」や「霊魂」は存在し、存在し続ける、と考えていた。たしかに、「靖国」の問題や「妖怪」や「スピリチュアリズム」などの現在の隆盛をみると、そう思わざるをえない。宮田さんはそうした世相にも敏感であった。いや、現代の世相を反省的に理解するための方法としても民俗学を考えていたのであろう。宮田さんが昨今の世相を見ることができたならば、大いに知的刺激を受けるだろう。「常民性」が復活しつつあ

ると さえ評するかもしれない。

この本を読んで改めて思うのは、この本のなかには、民俗学者としての宮田さん、聴衆の「常民性」を活性化させようとしている講演者としての宮田さん、そして両者を媒介するための糧としての世相や民俗を眺め渡している宮田さんの姿が、錯綜しながら描き込まれていることである。じつは、そうした宮田さんの重層した姿を再発見することによって、宮田登という個性豊かな民俗学者の魅力が浮き上がってくるように思われる。

（こまつ・かずひこ　国際日本文化研究センター名誉教授）

初出一覧

Ⅰ

日本人の一生（原題「ハレとケの民俗Ⅱ――日本人の一生」）『民俗学への招待』（大和市教育委員会、一九八五）

Ⅱ

神と妖怪の民俗学　中央大学理工学部主催の講演記録（一九八六・一一・一七）

祭りのコスモロジー（原題「村と祭り」）『シンポジウム　祭りの存続を考える　報告書』（富山村教育委員会、一九八七・一）

Ⅲ

女の霊力（原題「「女・子ども」と老人の民俗文化」）『静岡県史研究』三号（一九八七）

サブカルチャーとしての老人文化（原題「サブカルチャーとしての老人の位置―町場と村の対比」）『老いの発見』4（岩波書店、一九八七）

Ⅳ

ミロクと世直し（原題「現代社会とミロク信仰」）『高井』第七八号（一九八七・一）

「血」と「スジ」『史境』第一六号（一九八八・三）

#【補論】日本人の霊魂観と仏教

『住職』十・十一月号（一九九七年）

文庫版解説　ユートピアと再生の民俗学

林　淳

本書は、一九八〇年代の講演記録をもとにして作られ、一九八八年に刊行され、その後二〇〇七年に新書として再刊された。講演記録であり、話し言葉で綴られ、平易で読みやすく、そこで取り上げられている「霊魂」の話は、興趣がつきないものばかりである。ロングセラーとして、多くの読者に読まれてきた所以も、そのあたりにありそうである。宮田登の民俗学のキーワードをあげると、「霊魂」「神」「あの世」「流行神」「世直し」であるが、本書においてはさらに「女性」「老人」「子供」が付け加えられた。本書の特色を一言でいうと、霊魂の存在を前提に、「日本人の一生」「祭り」「女性」「老人」「子供」などを宮田が縦横無尽に語り、さらに二十一世紀の民俗学を展望している。

宮田には、『原初的思考——白のフォークロア』（一九七四年）という最初のエッセイ集がある。朝日新聞の書評で、「なかなかにモダーンでしゃれている。この書名が示すように、著者宮田登は、日本民俗学から生まれたスマートな近代派といっていいだろう」と書かれたことがあった。この書評は、宮田登の出現を正確に言い当てていた。たしかに宮田の書いたものは、しゃれていてスマートで都会的である。一般に民俗学は、地方の古老から一時代前の生活や習俗を聞き書きする学問であって、都会的であることの対極にあるものと思われていた。だから『原初的思考』は、驚きをもって読書界に迎えられたと思われる。この本によって民俗学は、知の最前線に躍り出ることになったといっても過言ではなかった。民俗学が「フォークロア」と呼ばれるようになったのも、この頃からであった。

一九七〇年代に人文学においてニューウェイブが巻き起こった。六〇年代後半に全共闘を中心にした学生運動は社会の支持を得て高揚したが、七〇年代に入ると政治運動としては失墜した。一九七二年に社会を震撼させた連合赤軍による浅間山荘事件は、学生運動の終焉を意味していた。他方で、政治運動とは一線を画したカウンターカルチャーは日本でも活性化し、学知や文化活動において新しい潮流を生み出した。学知の面で幅広く影響力をもったのは、山口昌男の人類学であった。「失われた世界の復権」という山口の初期の論文（『現代人の思想15　未開と文明』一九六九年）は、政治運動にあきたらず、高度経済成長で豊かになった画一的な社会にも満足できない新世代を魅了した。人類学は、世界認識の方法を転回させ、知の世界に革命をもたらすものと理解された。「失われた世界」を探究する情熱は、人類学だけではなく、神話学、宗教学、民俗学など、それまで周辺的にあった学問の台頭を後押しした。民俗学の分野において、ニューウェイブを担ったのは宮田であった。『原初的思考』の刊行は、民俗学の新たな幕開けをつげる象徴的な出来事であった。それ以降、宮田は、時代の寵児となって、同時に民俗学の最前線に立ち続けたのであった。本書においても宮田は、原始的心性とされるアニミズムが現代の日本人の潜在意識にも存在し、ミロク信仰や世直しの基盤になることを述べている。本書は、四部で構成され補論がつくが、その概要を一瞥しておきたい。

第一部の「日本人の一生」は、人生の節目に行われる通過儀礼を扱っている。一時代前の出産、七五三、成年式、嫁入り、葬式の習俗が紹介されるが、ともすると迷信と思われるような習俗でも、なくなることはないという。宮田によると、霊魂が一つの世界から離れて、別な世界に移行すると日本人は心の奥底で考えているからである。とくに出産にまつわる習俗として、「帯祝い」「相妊《あいばら》み」「夫のつわり」が検討され、別な世界からこちらの世界に生まれるに際し子供の霊魂が不安定な状態になるため、産神による守護が必要とされた。山の神、便所の神、箒の神も、みな出産のときに現れる産神であった。「産神問答」と呼ばれる昔話によれば、産神は生まれてから結婚までの子供の運命を支配する。二歳・三歳の間に「紐おとし」という儀式があり、紐で結んでいた着物から帯をつけるようになる。また「七歳までは神のうち」という言い伝えもあり、二歳・三歳と七歳がハレ着を着る折り目であった。都会のデパートが率先して、七五三という行事を行うようになって、この都会の風習が昭和三〇年代以降、全国の地域に広がった経緯があった。豊富な話題を提供しながらも、霊魂との関わりから通過儀礼を理解しようとする宮田の視点は一貫している。

第二部の「神・妖怪・祭り」では、木曾の御嶽信仰で行者による神がかりの託宣が今も頻繁にあり、そこには霊魂が人間に憑依するという信仰が、古くから今日も続いており、現代人の心情にも潜む精神土壌が指摘される。また七福神の神々がどのように集められ決まったかの経緯をたどって、興味深い。「祭りのコスモロジー」では、愛知県の花祭りでかつて行われていた「白山《しらやま》」の「生まれ清まり」を例に取り上げて、祭りとは村を再生させる契機であるという。宮田の言葉を引くと、「変えてもいい部分があって、変えてはならないものが一方にはある。その部分をきちんと学問的に次の世代に伝える必要がある、ということが村おこしというものに連なっていく。つまり、祭りというものはなくてはならないものであり、これはいかなる民族であろうとも、祭りを失ったならば人間ではなくなってしまうでしょう」（一〇五〜六頁）と断言している。「祭りがなくなると人間でなくなる」という言い方は、やや極端な印象はある。宮田が言いたかったのは、祭りのコスモロジーが、娯楽や集団的沸騰に解消されるものではなく、地域を再生させる力を秘めているということであろう。そこには宮田なりの戦略が描かれていた。そのうえで宮田は、村人と研究者が協力して文化運動を起こし、研究センターや郷土資料館をつくることを提案する。

第三部の「女・子供・老人」では、これらの人々が二十一世紀の文化の担い手となり、文化の中心になることが期待されている。従来の歴史学が男性中心の歴史を描いてきたが、民俗学は男性中心の社会から排除されてきた女・子供・老人の研究を開拓することによって、彼女らの潜在能力を蘇らせることができる。女性の血のけがれは出産の能力につながっており、女は子供と強い絆をもっている。ウバステ山の昔話では、孫が祖父母を救ったという話があり、子供の霊力が老人につながっている。さらに宮本常一『忘れられた日本人』を参照して、宮田は老人世代について、先祖伝来の無形の文化を孫世代につたえ、伝統的社会の中で生きる目標をもち、死後の世界に親近性を有していたことを指摘する。老人の霊力が子供の霊力と相乗作用を起こすことがあると示唆される。

第四部の「現代社会と民俗学」は、宮田が専門とする富士講、ミロク信仰をとりあげて、韓国の外敵に戦う姿をとった立像の弥勒に対し、日本では弥勒は女性の守護神となった相違を述べている。また「「血」と「スジ」」では、稲種子を育てる家筋の天皇家と、霊魂を再生させる被差別部落の旧家の家筋が論じられているが、話が込み入っており、章の趣旨は明確な焦点を結んでいない憾みはある。

洋泉社の新書版になったときに、「日本人の霊魂観と仏教」という補論が追加された。「草葉の陰」という言葉や南方熊楠、折口信夫の論文を参照して、日本人の信仰にはアニミズムという概念が適用できると宮田はいう。正月に自動車、パソコンにお飾りをするのは、ハイテク時代にもアニミズムが生きている証左である。霊魂を前提にして、それを鎮めるため供養や祭りを行うことによって、生者は心の安定を得るという知恵がそこには働いている。

以上、本書のあらましを紹介してきたが、三〇年以上前の講演の記録にもかかわらず、時代遅れの印象を与えてはいない。一九八〇年代の講演記録において、宮田は二十一世紀の民俗学の課題を見据えて、「女・子供・老人」を提言し、その霊力の文化的価値を復権しようとする。宮田の提言が、民俗学の展開にそのままに実現されてはいなくとも、それに刺激された人が多くいたし、その可能性はまだある。

宮田は、民俗学が社会の期待にこたえる要件を備えた学問だと信じていた点で、柳田国男の民俗学の正統な後継者であった。柳田は、戦死者の遺族と国民に向けて『先祖の話』を書いて、日本人の神は先祖であったことを論じて、家の存続を訴えた。その後の柳田は、日本人の起源を南島に探ったが、戦後の日本にとって沖縄の問題が切実であったからである。それでは、宮田の場合に、何が切実な課題であったのであろうか。それは、都市と村の分断が引き起こした問題であり、村から都市に行き生活の拠点を移した人間の「不安とか恐怖の感情」であった。「不安とか恐怖の感情」が、流行神を追いかけ妖怪を求める要因になった。ところで流行神や妖怪を通して人々は、不安を退け幸せになれたであろうか。すくなくとも宮田はそのように考えていたであろうか。私には、そのようには思えない。村の祭りのコスモロジーがもたらす生まれ清まり・再生が、村人、都市の居住者、ひいては日本列島にいる人々に分かちあわれる日が来ることを、宮田は待ち望んだ。

これ（祭りの生まれ清まりのこと——林記）を知らずして村から都会へ出てしまうと、結局、根無し草となって、みじめな都会の、都市人間になってしまう。だけど、生まれ清まりということの意義がこの村にあるということを知っていて、そうして村に戻れるということでそれを再生できるという理解があれば、これはふるさととして永遠につづくものである。やがてはよそ者も、その中に入れてもらって、生まれ清まりの儀式に参加させてもらえる形になりますと、日本列島全体が精神的に再生していくのではないか（一〇九頁）」。

ミロク信仰、メシアニズム、流行神、世直しは、宮田が開拓した分野であったが、いずれもユートピアの思想に彩られている。ユートピアとは人々が待望する、よりよき世界のことだが、宮田によると、日本人のユートピアは劇的な転換ではなく、緩やかに繰り返し起こるものであった。ところで宮田は、日本的ユートピア思想研究の第一人者であったが、本人もユートピアの思想の持ち主であったことは、先の引用から憶測できる。そのことは、非難されるべきことではない。翻って考えれば、柳田も日本人の幸福を願い続けたユートピアの思想の実践者でありつづけた。柳田とは違う時代状況において、ユートピアの思想を包みこんだ民俗学を演出した点で、宮田は卓越していた。宮田がアカデミズムの民俗学の中心にいつもいながらも、その著作がアカデミズムをこえて多くの読者に読まれたのは、平易な文体や博学さもさることながら、この世を越えた別の世界への好奇心を想起させつづけたことによる。

柳田に始まった、ユートピアを語る民俗学は、宮田の著作において頂点を迎え、ポスト宮田の時代になって神隠しにあったかのように消えてしまった。その後の民俗学の歴史は曖昧さを避けて、実証的な精度を高め、おのずとユートピアから離れる道を歩んだ。二十一世紀の学徒は、宮田が好んで使っていた「霊力」「あの世」「世直し」という語彙を語ることは少なくなった。時代は、大きく変わったと言わざるをえない。にもかかわらず本書が色あせないのは、生まれ清まりをテーマにし、再生の希望を託した書であるからであろう。

再生の希望は、そのつど更新されなくてはならない。宮田登は、二十一世紀に生きるわたしたちにそのように語りかけている。

（はやし・まこと　宗教学）

本書は一九八八年十一月、日本エディタースクール出版部から刊行されたのち、補論として「日本人の霊魂観と仏教」を付して、二〇〇七年四月二一日、洋泉社MC新書より再刊されたものである。

柳田国男を読む　赤坂憲雄

稲作・常民・祖霊のいわゆる「柳田民俗学」の向こう側にこそ、その思想の豊かさと可能性があった。テクストを徹底的に読み込んだ、柳田論の決定版。

夜這いの民俗学・夜這いの性愛論　赤松啓介

筆おろし、若衆入り、水揚げ……。古来、日本人は性に対し大らかだった。在野の学者が集めた、柳田が切り捨てた性民俗の実像。（上野千鶴子）

差別の民俗学　赤松啓介

人間存在の病巣〈差別〉。実地調査を通して、その実態・深層構造を詳らかにし、根源的解消を企図した赤松民俗学のひとつの到達点。（赤坂憲雄）

非常民の民俗文化　赤松啓介

柳田民俗学による「常民」概念を逆説的な梃子として、「非常民」こそが人間であることを宣言した、赤松民俗学最高の到達点。（阿部謹也）

日本の昔話（上）　稲田浩二編

神々が人界をめぐり鶴女房が飛来する語りの世界。はるかな時をこえて育まれた各地の昔話の集大成。上巻は「桃太郎」などのむかしがたり103話を収録。

日本の昔話（下）　稲田浩二編

ほんの少し前まで、昔話は幼な子が人生の最初に楽しむ文芸だった。下巻には「かちかち山」など動物昔話29話、笑い話123話、形式話7話を収録。

増補　死者の救済史　池上良正

未練を残しこの世を去った者に、日本人はどう向き合ってきたか。民衆宗教史の視点からその宗教観・死生観を問い直す。「靖国信仰の個人性」を増補。

神話学入門　大林太良

神話研究の系譜を辿りつつ、民族・文化との関係を解明し、解釈に関する幾つもの視点、神話の分類、類話の分布などについても詳述する。（山田仁史）

アイヌ歳時記　萱野茂

アイヌ文化とはどのようなものか。その四季の暮らしをたどりながら、食文化、習俗、神話・伝承、世界観などを幅広く紹介する。（北原次郎太）

儀礼の過程　ヴィクター・W・ターナー　冨倉光雄 訳

社会集団内で宗教儀礼が果たす意味と機能を明らかにし、コムニタスという概念で歴史・社会・文化の諸現象の理解を試みた人類学の名著。（福島真人）

日本の神話　筑紫申真

八百万の神はもとは一つだった!? 天皇家統治のために創り上げられた記紀神話を、元の地方神話に解体すると、本当の神の姿が見えてくる。（金沢英之）

河童の日本史　中村禎里

ぬめり、水かき、悪戯にキュウリ。異色の生物学者が、時代ごと地域ごとの民間伝承や古典文献を精査。〈実証分析的〉妖怪学。（小松和彦）

病気と治療の文化人類学　波平恵美子

科学・産業が発達しようと避けられない病気に対し人間は様々な意味づけを行ってきた。「医療人類学」を切り拓いた著者による画期的著作（浜田明範）

ヴードゥーの神々　ゾラ・ニール・ハーストン　常田景子 訳

20世紀前半、黒人女性学者がカリブ海宗教研究の旅に出る。秘儀、愛の女神、ゾンビ――学術調査と口承文学を往還する異色の民族誌。（今福龍太）

子どもの文化人類学　原ひろ子

極北のインディアンたちは子育てを「あそび」とし、性別や血縁に関係なく楽しんだ。親子、子どもの姿をいきいきと豊かに描いた名著。（奥野克巳）

初版 金枝篇（上）　J・G・フレイザー　吉川信 訳

人類の多様な宗教的想像力が生み出した多様な事例を収集し、その普遍的説明を試みた社会人類学最大の古典。膨大な註を含む初版の本邦初訳。

初版 金枝篇（下）　J・G・フレイザー　吉川信 訳

なぜ祭司は前任者を殺さねばならないのか？ そして、殺す前になぜ〈黄金の枝〉を折り取るのか？ 事例の博捜の末、探索行は謎の核心に迫る。

火の起原の神話　J・G・フレイザー　青江舜二郎 訳

人類はいかにして火を手に入れたのか。世界各地より夥しい神話や伝説を渉猟し、文明初期の人類の精神世界を探った名著。（前田耕作）

ちくま学芸文庫

霊魂《れいこん》の民俗学《みんぞくがく》　日本人《にほんじん》の霊的世界《れいてきせかい》

二〇二三年七月十日　第一刷発行

著　者　宮田　登（みやた・のぼる）

発行者　喜入冬子

発行所　株式会社　筑摩書房

東京都台東区蔵前二―五―三　〒一一一―八七五五

電話番号　〇三―五六八七―二六〇一（代表）

装幀者　安野光雅

印刷所　明和印刷株式会社

製本所　株式会社積信堂

ISBN978-4-480-51193-5 C0139